KEMNA

Willi Weiler

KEMNA

Meine Erlebnisse im Konzentrationslager Wuppertal

Born Verlag
1998

© J.H. Born GmbH, Wuppertal 1998
Herausgegeben von Kurt Schnöring und Siegfried Wirtz
in Verbindung mit dem Jugendring Wuppertal e.V.
Titelbild: Der Autor vor dem Gelände des früheren KZ Kemna,
ein Foto aus seinem Nachlaß
Fotonachweis: Nachlaß Willi Weiler, Medienzentrum Wuppertal,
Sammlung Kurt Schnöring
Druck: Eugen Huth GmbH & Co. KG, Wuppertal
Buchbinderei: Werner Berenbrock, Wuppertal
ISBN-Nr.: 3-87093-081-0

INHALT

Am Samstag, 9. September 1933, traf Willi Weiler mit einem Transport politischer Gefangener aus dem Stadtgefängnis Duisburg im Konzentrationslager Kemna ein. Die Ankunft in dieser erst seit zwei Monaten bestehenden Folterhölle an der Wupper zwischen Oberbarmen und Beyenburg, den brutalen Empfang durch die SA-Wachmannschaft hinter dem Tor zum Hauptgebäude hat der damals 28jährige Rheinschiffer zeitlebens nicht vergessen können. Obersturmbannführer Alfred Hilgers, Kommandant des Lagers, begrüßte den gleichaltrigen Häftling Willi Weiler und seine Kameraden mit der unmißverständlichen Drohung: „Jetzt seid ihr in unserer Obhut. Hier herrscht friedericianischer Geist. Wer nicht pariert, springt über den Strick."

Um die ihm ausgelieferten Gefangenen einzuschüchtern und sie vor Fluchtversuchen zu warnen, richteten die dem „hinkenden Teufel" Hilgers unterstehenden SA-Leute ihre Schußwaffen auf die Neuankömmlinge. Später mußten die wehrlosen Männer immer wieder Schikane, Mißhandlungen und Folterungen erdulden.

„Nein, ein Vernichtungslager war das nicht, diese Kemna", stellte Ministerpräsident Johannes Rau im Vorwort der 1981 erschienenen und inzwischen vergriffenen Neuauflage des bereits 1948 veröffentlichten Kemna-Reports von Karl Ibach fest. „Es wurde 'nur' gefoltert, geprügelt, gehungert", so Rau zu den Erinnerungen des damals mit 18 Jahren jüngsten Gefangenen. „Häftlinge wurden in die kalte Wupper gejagt, es wurde gedemütigt, mißhandelt. Manche der Häftlinge wurden durch solche Art von Schutz Krüppel ihr Leben lang. Einige überlebten nicht, andere setzten ihren illegalen Kampf fort."

Dabei bestand das KZ Kemna lediglich ein halbes Jahr, von Juli 1933 bis Januar 1934. Und es wurde nicht so bekannt wie etwa Buchenwald, Sachsenhausen oder Ravensbrück, obwohl die „Kemna" schon viel früher als die genannten Konzentrationslager von den Nationalsozialisten errichtet worden war und nach Dachau zu den ersten Lagern im Dritten Reich gehörte. Dennoch sind in der kurzen Zeitspanne des Bestehens von Kemna rund 4600 Häftlinge, in der Mehrzahl kommunistische und sozialdemokratische Gegner der nationalsozialistischen Terrorherrschaft, in diesem KZ inhaftiert und gequält worden.

Das Lager selbst war am 5. Juli 1933 in einer leerstehenden Putzwollfabrik eingerichtet worden. Nach einem Bericht des Düsseldorfer Regierungspräsidenten an den preußischen Innenminister vom 6. Juli 1933 wurde das Fabrikgelände zum Lager umfunktioniert, „weil die Strafanstalten des Regierungsbezirks infolge der zahlreichen in Schutzhaft genommenen politischen Gefangenen sehr stark überbelegt waren." Eine zutreffende Feststellung, wenn man davon ausgeht, daß ein Großteil der Gefangenen nicht nur im damaligen Zuchthaus Lüttringhausen, in der Strafanstalt Bendahl und in den Polizeigefängnissen Barmen und Elberfeld, sondern auch in den Gefängnissen Düsseldorf und Duisburg politische Gegner des Nationalsozialismus waren.

Die grauenhaften Vorgänge im KZ Kemna ließen sich trotz entsprechender Bemühungen des damaligen Polizeipräsidenten und SA-Brigadeführers Willy Veller („Emmes") und der Lagerführung nicht geheimhalten. Das tägliche „Lagerprogramm" der Wachmannschaft, bestehend aus Schlägen, Fußtritten, brutalen Verhören und nächtelangem Stehen bis hin zu simulierten Hinrichtungen, war vielen Wuppertalern keineswegs verborgen geblieben. Es soll Eltern gegeben haben, die ihre ungehorsamen Kinder mit den drohenden Worten erschreckten: „Wenn Du nicht lieb bist, dann kommst Du in die Kemna!"

Wie dem auch sei – die Kunde von der brutalen Behandlung der Häftlinge drang bis nach Berlin. Der Gründer und erste Chef der Geheimen Staatspolizei, Rudolf Diels, berichtet in seinen Memoiren „Lucifer ante Portas" (Stuttgart 1950) über die Exzesse der SA-Leute. Er beschönigt freilich seine Rolle bei der Abhilfe der Greueltaten, denn dank seiner Ermittlungen wurden bereits im Oktober 1933 zahlreiche Häftlinge aus dem „wilden" SA-Lager an der Wupper in die abgelegenen Moorlager Esterwegen, Neusustrum und Börgermoor im Emsland verlegt, die der SS unterstanden. Der bisherige wahllose Terror durch die SA wurde fortan mit staatlichem Segen systematisch von der SS fortgesetzt und teilweise noch forciert – allerdings im Gegensatz zur Kemna weit ab von jeder menschlichen Siedlung und damit wirklich unter Ausschluß der Öffentlichkeit.

Es dauerte noch bis zu Beginn des Jahres 1934, als das Kemna-Lager endgültig aufgelöst wurde. Die letzten Häftlinge kamen entweder nach Esterwegen oder wurden auf freien Fuß gesetzt. Nach dem Ende der Kemna mußte selbst der politisch von den Nazis gleichgeschaltete „General-Anzeiger der Stadt Wuppertal" in seiner Aussage vom 11. Januar 1934 einräumen: „Selbstverständlich mußte dem Zweck einer derartigen Sicherheitswahrung und der Zusammensetzung des eingelieferten Menschenmaterials entsprechend in dem Hausregelement mit straffer Hand durchgegriffen werden."

Im Klartext: Wer nach der Gleichschaltung der Presse bereits gelernt hatte, zwischen den Zeilen zu lesen, verstand den Hinweis auf das Durchgreifen mit „straffer Hand" als Bestätigung der Schikanen und Drangsalierungen der Häftlinge.

Die Kemna-Verbrechen wurden nach dem Zusammenbruch des Dritten Reiches durch den ersten großen Prozeß gegen die Wachmannschaft eines Konzentrationslagers vor einem deutschen Gericht, dem Landgericht Wuppertal, im Jahre 1948 einer breiten Öffentlichkeit bekannt. Vertreter der Anklage war Staatsanwalt Gustav Winckler. Der mutige Jurist hatte bereits 1934 wegen der ihm bekannt gewordenen Fälle von Mißhandlungen in der Kemna ein Ermittlungsverfahren gegen Angehörige der Wachmannschaft angestrengt. Doch zwei Jahre später war das Verfahren durch einen Führererlaß niedergeschlagen worden. Staatsanwalt Winckler wurde nach Kassel strafversetzt.

Willi Weiler wurde am 20. November 1933 aus dem Lager entlassen und dem Gefängnis Duisburg „überstellt", wo er eine Verpflichtungserklärung unterschreiben sollte, sich künftig „jeder staatsfeindlichen politischen Betätigung" zu enthalten, anderenfalls erneut die „Schutzhaft" über ihn verhängt würde, „und zwar auf unbestimmte Zeit". Auf dem Transport konnte er fliehen und sich dieser Verpflichtung entziehen. Mit einem Schiff erreichte Weiler Holland, kehrte später nach Deutschland zurück und war bis 1939 wieder als Rheinschiffer tätig, bevor er während des Krieges vorübergehend als Heizer der Reichsbahn eingesetzt war. Im August 1945 wurde der politisch unbelastete Mann von der französischen Besatzungsmacht als polizeilicher Kreiskommissar im Bezirk St. Goarshausen eingesetzt. Danach fand er Zeit und Muße, seine erschütternden Erlebnisse zwölf Jahre zuvor im Lager Kemna zu rekonstruieren. Es war für ihn, der damals wiederholt das Gelände der früheren Folterstätte besuchte, eine Aufarbeitung schmerzlicher Erinnerungen. Weshalb sich Willi Weiler zu dieser mühevollen Arbeit durchrang, hat seine in der Schweiz lebende Tochter Else Stern-Weiler offenbart: „Mein Vater hat dieses Buch deshalb geschrieben, um erstens zu beweisen, daß es bereits am Anfang der Naziherrschaft 1933 Konzentrationslager gab, und zweitens als Beweismittel für den Wuppertaler Kemna-Prozeß."

Als Häftling mit wachem Verstand und genauer Beobachtungsgabe schildert Willi Weiler freimütig die Leiden und Qualen, aber auch den Widerstand und die Solidarität der Häftlinge untereinander. Er gibt einen ungeschminkten Einblick in die menschenverachtenden Praktiken der Wachmannschaft, die Skrupellosigkeit der Lagerleitung, die terroristische Willkür der einzelnen SA-Leute und insgesamt in die Mechanismen eines der ersten Konzentrationslager.

Das im März 1949 in Oberlahnstein mit Genehmigung der französischen Militärregierung erschienene Buch geriet später in Vergessenheit und liegt nun wieder vor. Es ist eine Dokumentation der persönlichen Erlebnisse des am 16. Dezember 1975 im Alter von 70 Jahren in Koblenz gestorbenen Autors im Wuppertaler Konzentrationslager, dessen Name zum Symbol für den Terror der Natioalsozialisten im Bergischen Land wurde.

Die Herausgeber wollen mit dem Nachdruck der Aufzeichnungen von Willi Weiler beitragen zur Erfüllung des Schwurs, den die überlebenden Buchenwald-Häftlinge im April 1945 auf dem Appellplatz des befreiten Lagers in Thüringen ablegten:
„Die Vernichtung des Nazismus mit seinen Wurzeln ist unsere Losung. Der Aufbau einer neuen Welt des Friedens und der Freiheit ist unser Ziel."

Kurt Schnöring

GELEITWORT

Eingeweihte und Kenner der Verhältnisse von Kemna erschauern heute noch beim Nennen dieses Namens. Viele glauben es nicht oder wollen es nicht glauben, daß schon 1933 die Hölle entfesselt war. Viele wollen alles heute mit einem Achselzukken abtun. Ist es aus Gleichgültigkeit oder Scham, daß so etwas bei einem kulturell so hochstehenden Volke wie dem unserigen vorkommen konnte? Der Freiheitswille eines Volkes wurde blutig in Fesseln gelegt. Männer, die für Freiheit und Recht eintraten, wurden geschunden und zu Tode gequält. Es waren keine landfremden Männer, nein, es waren Deutsche, die zu entmenschten Bestien herabsanken und die niedrigsten, tierischsten Instinkte traten zutage. Diese Schrift soll allen aufrechten Menschen eine Warnung sein, die Augen aufzuhalten, damit niemals mehr durch eine Diktatur die Freiheit geschunden und das Recht gebrochen wird.

Den Lebenden ein Mahnmal und den Toten zum Angedenken.

Willi Weiler
Oberlahnstein, den 26. März 1949

Wie ist das Schicksal der Menschen doch so verschieden. Die einen wandeln wie auf blumiger Au und pflücken je nach Belieben die schönsten Blumen.

Andere hat das Leben in eine Tretmühle gespannt, in der sie die Not vorwärtstreibt, ohne Rast und Ruh, wie ein Lasttier die Peitsche, bis sie mit den Füßen voran die letzte Fahrt zum Friedhof machen.

Andere wieder überstürzt es wie ein rasender Bergsturz, der alles Leben unter seinen Trümmern begräbt. Sie starren und staunen und sehen dem Entsetzlichen zu, und aus zitterndem Herzen ringt sich die bange Frage empor: Weshalb muß das sein?

So stand unser Volk 1945 auch da und fragte sich, weshalb mußte das alles sein. Es hatte auf die mahnende Stimme der Vernunft nicht gehört und Abertausende der Besten wurden hingeschlachtet. Ihr Geist lebt aber in uns weiter und wir werden nicht müde, weiterzumahnen. Vergesset nie. Mit dem Reichstagsbrand begann ihr blutiges Regime, mit lodernden Fackeln zogen sie jahrelang, johlend und lärmend durch die Straßen, alles niedertrampelnd, was sich ihnen in den Weg stellte, mit einem Weltbrand ist ihr tausendjähriges Reich untergegangen und Europa schwamm in einem Meer von Blut und Tränen. Seht euch um und ihr werdet erkennen, daß diejenigen, welche sich 1945 feige verkrochen und vor uns Antifaschisten zitterten, heute wieder alles versuchen, in ihre alten Machtstellungen zu gelangen. Zum Teil ist es ihnen auch gelungen. Haltet Wacht und werdet nicht müde, euern Kindern das Schreckgespenst des Faschismus immer wieder vor Augen zu halten. Zeigt ihnen die Trümmer und die Gräber der ermordeten Freiheitskämpfer. Lehrt sie anständige Demokraten

Gesamtansicht des ehemaligen Konzentrationslagers Kemna an der Beyenburger Straße.

Das Hauptgebäude des früheren KZ, das nach der Auflösung des Lagers zu Beginn des Jahres 1934 wieder ein Industriebetrieb wurde.

werden, damit wir wieder vor der Welt bestehen können und gleichgeachtet in die große Völkergemeinschaft aufgenommen werden können. Wenn wir uns erst selbst von allen Schlacken befreit haben, wird sich auch das Schicksal für uns wieder günstiger gestalten.

Die Warnung und meine Verhaftung

Ich will der Reihe nach erzählen und versuchen, den Leser nicht zu langweilen. Ebenso werde ich mich streng an die Wahrheit halten. Meine Darlegungen kann ich jederzeit durch einwandfreie Zeugen beweisen.

Als Hitler zur Macht gelangte, wußte ich, daß auch meine Stunde geschlagen hatte. Ich war ja schon vor der Machtübernahme sein erbitterter Gegner, hatte man mir doch oft genug angedroht, daß es mir nicht gut gehen würde, wenn Hitler zur Macht käme. Ich fuhr deshalb im März 1933 nach Duisburg zu meinen Verwandten. Dort hielt ich mich eine Zeitlang versteckt. Eine Schwägerin nahm mich in ihrer Wohnung auf. In dieser Zeit habe ich öfter erleben müssen, daß man die Männer nachts aus den Betten holte und verhaftete. Ein Mann im selben Hause wurde von der SA im Beisein von Frau und Kindern im Bett erschossen (geschehen in der Dörnerhof-Siedlung in Duisburg). Ein anderer Mann wurde auf ein Auto gezerrt, bewußtlos geschlagen und dann von dem langsam fahrenden Wagen herunter vor die Räder geworfen. Ein nächster wurde bis zu einem Laternenpfahl hingeschleppt, an diesen gestellt und durch einen Genickschuß getötet. In dem Moment, als der Schuß fiel, bekam er noch einen kräftigen Fußtritt, damit er ja umfiel. Ein des Weges kommender Arzt, der die betrunkene Meute zur Rede stellte, wurde, ohne daß er sich richtig aussprechen konnte, ebenfalls erschossen. In der genannten Siedlung war es furchtbar. Die vorgenannten Taten konnten wir vom Fenster aus beobachten. Antifaschisten versuchten auch Widerstand zu leisten und es kam während dieser Zeit öfter zu Schießereien. Daraufhin kam die SA verstärkter, und die Aktionen wurden noch grausamer. Als es unerträglich wurde, bin ich in einen anderen Stadtteil zu meinen Schwiegereltern übergesiedelt. Mittlerweile hatte man Wind bekommen, wo ich mich aufhielt, und eines Tages kam ein Motorrad mit einem SA- und Gestapomann, welche nach mir fahndeten. Wir standen mit einigen Bekannten auf der Straße und die beiden fragten nach mir. Ein Schwager von mir hatte die Situation sofort erfaßt und sagte, ich sei vor einer halben Stunde in die Stadt gegangen. Die beiden gaben sich zufrieden und fuhren ab. Wohin nun? Wieder zu einem Landsmann. Jener war aber schon verhaftet und saß im Gerichtsgefängnis in Duisburg. Dort, bei meinem Landsmann, hielt ich mich einige Tage auf. Am 12. Mai war die Verlobung einer Nichte meiner Frau. Wir waren ebenfalls eingeladen. Meine Frau, zwei Schwäger und ich machten uns auf den Weg. Als ich am Arbeitsamt vorbei kam, ging ich zu dem Leiter des Arbeitsamtes, Oskar Schäfer, mit dem ich befreundet war und fragte, was es neues gäbe. Er sagte sofort: „Willi, verschwinde um Gottes Willen, denn die Strompolizei sucht dich überall, und hat nach dir gefragt!" Jetzt war es mir aber doch zu dumm. Ich hatte doch nichts verbrochen und war diese dauernde Hetze endlich leid. Wir vier gingen dann zum Büro der Strompolizei, zu Hauptmann Schulze, und ich fragte ihn, was denn los sei, und was man von mir wollte. Er sah in den Fahndungsblättern nach und aus seinen Akten war zu ersehen, daß ich von meinem Heimatort Kamp aus gesucht wurde. Die Nazis in meiner Heimat hatten Wort gehalten. Meine Frau und Verwandten wurden weggeschickt und ich selbst wurde durch vier schwerbewaffnete Polizisten nach dem Präsidium in Duisburg zur politischen Ia gebracht. Hier begann mein Leidensweg. Kaum hatten die Polizisten mich abgeliefert, fing es auch schon an.

Ich wurde in einen kleinen Raum geführt und – so schnell kann man es gar nicht erzählen, wie die Handlungen dann folgten – wurde mir ohne weiteres ins Gesicht geschlagen mit dem Bemerken: „Schon wieder so ein bolschewistisches Schwein!" Nebenbei bemerkt wurde jeder politische Gefangene so tituliert. „Schon wieder so ein Schiffer, der im Ausland

Greuelpropaganda macht." Im Handumdrehen lag mein Hut zertreten in der Ecke (steifer Hut), ebenso mein Mantel und mein Jackett. Hosenträger, Leibriemen und Schuhriemen wurden mir gleich abgenommen. Ich stand mit der Hose in der Hand da, und wenn ich die Schläge abwehren wollte, fiel jedesmal zum Gaudium meiner Peiniger die Hose herunter. Es war ein furchtbares Gefühl für mich, daß ich mich nicht wehren konnte. Ich sah aber ein, daß es zwecklos war. Dann, als man genug hatte, wurden die Personalien aufgenommen. Ein alter Justizwachtmeister, mit einem riesigen Schnurrbart, Schabrak, oder so ähnlich hieß er, bekam den Befehl, mich in eine Einzelzelle zu sperren, ich sei sehr gefährlich. Man hatte in der Zwischenzeit die Akten studiert. Mir war im Augenblick alles gleichgültig, nur einmal fort von hier. Der alte Herr gab mir sofort Verhaltungsmaßregeln und ich wurde allein in eine Zelle gesperrt. Ein furchtbares Gefühl, als die Tür hinter mir geschlossen wurde. Haben Sie, lieber Leser, schon einmal das Gefühl gehabt, lebendig begraben zu sein?

Einige Tage war ich allein und der alte Wachtmeister kam ab und zu, um nach mir zu sehen. Ich hatte mir inzwischen ein Taschentuch in vier Streifen gerissen, zusammengeknotet und um den Leib gebunden, damit ich nicht die Hose festzuhalten brauchte. Nach einigen Tagen sah ich, daß dem Alten sein Gesicht freundlicher wurde und zwar aus dem Grunde, weil meine Zelle immer so vorbildlich sauber wäre. Er fragte, ob er was für mich tun könnte und wollte auch versuchen, mich freizubekommen. Tatsächlich war er auch auf der politischen Ia bei Breuer und hatte für mich gut gesprochen. Dort wurde ihm jedoch kategorisch erklärt: „Nein, der hat zuviel ausgefressen!" Ja, die wußten viel, nur ich wußte nichts. Ich bat den Alten, mir doch einen Kameraden beizugeben. Er tat es, und wer zu meiner Freude kam, war mein alter Freund Johann Schütz aus Bad Salzig a. Rh. Wir fielen uns vor Freude um den Hals. Jan war schon einige Tage früher da als ich. Wir hatten uns viel zu erzählen, kannten wir uns doch schon seit langen Jahren. Fluchtpläne wurden geschmiedet, aber zu unserem Leidwesen waren wir mit der Örtlichkeit nicht vertraut. Wir brachten es sogar fertig, daß schon mal nachts unsere Zelle nicht abgeschlossen war. Der alte Wachtmeister hatte zu mir viel Vertrauen und behandelte mich menschlich, obwohl er bei allen anderen Gefangenen verhaßt war. Eines Nachts – unsere Zelle war nicht abgeschlossen – (ich habe später vermutet, daß Schabrak mir eine Fluchtmöglichkeit geben wollte; es kann aber auch Unachtsamkeit gewesen sein), hörten wir unten auf der ersten Etage großen Lärm. Wir schlichen an das Geländer, welches in jeder Etage rund um den Bau lief und sahen hinunter. Dort bot sich uns folgendes Schauspiel. Eine junge Frau oder Mädchen, groß und stark, sie war eine hübsche, stattliche Person, rang mit einigen unserer Quälgeister und hielt sich diese vom Leib. Anderen Tages erfuhren wir, daß es sich um die Sekretärin des Bezirkssekretariats der

KPD in Essen gehandelt hatte. Die Bande hatte versucht in ihre Zelle einzudringen, um ein Notzuchtverbrechen an ihr zu begehen. Durch die Tapferkeit dieser Frau ist ihnen diese Schurkerei nicht gelungen. Dafür wurde sie in der üblichen Weise schikaniert.

Am folgenden Tage abends, es kann 11 Uhr gewesen sein, wir lagen wach und sprachen von unserer Heimat und dem Zeitgeschehen, hörten wir furchtbare Schreie. Immer wieder hörten wir die Worte: Hilfe, Hilfe, man mordet mich, meinen Bruder hat man schon gemordet, und nun will man mich auch ermorden!" Die Schreie kamen direkt aus der Zelle oberhalb der unserigen. Wir hörten furchtbare Schläge mit dem Schlüsselbund und Gummiknüppel. Die Schreie wurden immer undeutlicher, um zum Schluß in ein Wimmern und Stöhnen überzugehen. Auf einmal hörten wir einen schweren Fall und dann nichts mehr. Einige Minuten später wurde ein schwerer Körper die Wendeltreppe heruntergeschleift und wir hörten, wie auf jeder Treppenstufe etwas aufschlug. Die Treppe lag direkt neben unserer Zelle. Am anderen Morgen wußten wir, was los war. Es war immer der Kopf des armen Opfers, der auf den Treppenstufen aufplumpste. Die Blutspuren waren morgens gut zu sehen. Man hatte es in den Keller geschleift. Die Henker erzählten frech, es sei ein Schauspieler aus dem Duisburger Stadttheater gewesen, der nur geschauspielert hätte. Aber die furchtbaren Schläge, die uns die Haare zu Berge stehen ließen, höre ich heute noch in den Ohren. In dieser Nacht habe ich meine ersten weißen Haare bekommen. Die seelischen Erregungen kann man nicht schriftlich wiedergeben, man muß sie erlebt haben. Das zuletzt Geschilderte geschah am 22. Mai 1933, an meinem 28. Geburtstag. Nach einem 14tägigen Aufenthalt im Präsidium kamen wir ins Gerichtsgefängnis. Ich hatte inzwischen eine Eingabe an die Ia gemacht, meine eventuell vorhandenen Akten zu prüfen und mich vor ein ordentliches Gericht zu stellen. Niemals kam eine Antwort darauf. Dort im Gerichtsgefängnis kam ich in Einzelhaft, aber nicht lange. Vor Pfingsten bekam ich einen Kameraden. Das war Hubert Serwe. Hubert war Redakteur einer Arbeiterzeitung in Duisburg. Von Beruf war Hubert Schmied. Er war ein lieber Kamerad. Später kam er ins Moor und ich habe niemals mehr etwas von ihm gehört. Hubert lehrte mich das Schachspiel. Aus Brotteig haben wir Schachfiguren geformt, am Fenster in der Sonne getrocknet und mit diesen dann gespielt. Es dauerte jedoch nicht lange und ich wurde in die Küche abkommandiert.

Ein Wort über die Bewachung.

Die Bewachung bestand aus SA, Stahlhelmleuten und Justizwachtmeistern. Wer aber glaubte, bei dem einen oder anderen Verständnis zu finden, der irrte sich. Sie waren alle gleich in ihrer Brutalität und einer versuchte den anderen zu übertrumpfen. Ich will in einzelnen Fällen schildern, wie sie sich gebärdeten. Wen sah ich als Gefangene? Alles Arbeiter und kleine Angestellte. Von wem wurden sie bewacht? Auch nur von kleinen Arbeitern und Angestellten. Geht nicht schon daraus alles hervor, um den Hohn dieser Politik zu beleuchten? Eine rühmliche Ausnahme war ein alter Stahlhelmmann, namens Paul. Er ist während meiner Haftzeit in Duisburg gestorben. Ich werde noch später auf ihn zurückkommen. Wir Politischen, ungefähr 200 Mann, lagen in der ersten Etage. Im Parterre lagen die Kriminellen. Diese genossen alle Vorzüge der Untersuchungshaft. Rauchen, Essen, Trinken und Lesen. Uns war aber davon gar nichts erlaubt. Wenn einer von uns beim Rauchen erwischt wurde, so wurde er halb tot geprügelt. Paket- und Besuchssperre waren an der Tagesordnung für die geringsten Vergehen. Besonders hervor taten sich zwei SA-Leute, von Beruf Schiffer, und ein Stahlhelmer aus Aachen. Der letztere hat sich später erschossen, weil er sich gegen den § 175 vergangen hatte und einen Gefangenen zwang, ihm zu Willen zu sein. Dabei war er aufgefallen. Dieser elende Mensch schlug einmal einen Mann, Sohn eines bekannten Ofenbauers aus der Umgegend von Duisburg mit dem Gummiknüppel zusammen. Der Mann war ein guter Boxer und hatte einen kräftigen, sportlich gestählten Körper. Kann man sich die seelische Not dieses Menschen vorstellen, als er sich nicht wehren konnte? Er hat aber doch eine Beschwerde geschrieben, die auf Umwegen an seinen Vater gelangte und die Sache ist draußen ruchbar geworden. Dies war dem Aachener sehr unangenehm, aber dessen ungeachtet wurde ruhig weitergeprügelt. Das Erschütternste war, daß alte Jusitzwachtmeister, die schon jahrzehnte im Dienst waren in der kurzen Zeit, da Hitler am Ruder war, zu Bestien herabsanken und sich an den Mißhandlungen ihrer braunen und grauen Kumpanen beteiligten, ja, diese manchesmal noch zu übertreffen suchten.

Mittlerweile war ich in die Küche abkommandiert, mit mir mein Freund Schütz und Kurt Dürholz aus Duisburg, ebenso noch ein junger Italiener von 24 Jahren. Letzterer war verheiratet und hatte zwei Kinder. Er gehörte keiner Partei an und seine einzige Schuld war, daß er aus Liebe zur Musik in einem Musikzug einer Schalmeikapelle war. Wir mußten Kartoffel schälen, Gemüse putzen, aufwaschen usw. Jeder, der zu dieser Zeit im Gerichtsgefängnis war weiß, daß nach Pfingsten eine richtige Selbstmordepidemie war. Pulsaderaufschneiden war an der Tagesordnung. Es verging fast kein Tag, wo nicht der eine oder andere versucht hätte, seinem Leben ein Ende zu machen. Unser junger Freund, der Italiener, der etwas schwermütig war, bekam auch eines Tages einen Schwermutsanfall und hat zu folgendem Mittel gegriffen, um seinem Leben ein Ende zu bereiten. Zwischendurch bemerken möchte ich noch, daß ab und zu ein Transport nach dem Moor ging und nach einem ergreifenden Abschied auch Hubert Serwe mit einem solchen Transport verschickt worden ist. Daraufhin kamen meine drei Kameraden zu mir in die Zelle. In eine Einmann-Zelle mit vier Mann drei Schritte lang und kaum zwei Schritte breit. Eines Tages, es war um die Mittagszeit lagen wir zum Ausruhen im Halbschlaf in der Zelle. Wir schreckten auf einmal auf, als wir einen dumpfen Fall hörten. Aufspringen und nach dem Heizungsrohr schauen war eins. Dort hing unser Kamerad. Das Umfallen des Schemels hatte uns geweckt. Wir haben ihn sofort abgeschnitten, aber wie sah der Junge aus? Aus der Küche hatte er sich ein Kartoffelschälmesser mitgenommen. Mit diesem Messer hatte er sich zehn Schnittwunden an beiden Armen beigebracht und versucht, die Adern zu öffnen. Dann, um seinen Tod bestimmt herbeizuführen, hatte er sich noch aufgehängt. Wir machten sofort Wiederbelebungsversuche und hatten auch Erfolg. Mit abgerissenen Streifen unserer Wäsche haben wir ihn verbunden und nach der Wache geschellt. Er wurde abgeholt und was weiter mit ihm geschehen ist, weiß ich nicht. Wir haben ihn nie mehr wiedergesehen. Ich habe auch niemals mehr etwas von ihm gehört. Nun waren wir noch zu dritt. Das Essen war an und für sich nicht schlecht, aber als Fett wurde nur ranzige Margarine verwendet. Es gab tatsächlich nur ranzige Margarine, so daß wir es nachher gar nicht mehr merkten. Eines Tages wurde angeblich in Berlin eine noch nicht lange gepflanzte Hitlereiche abgebrochen. Sofort kam der Befehl: Die politischen Gefangenen erhalten drei Tage kein Essen. Es war um die Mittagszeit, das Essen war bereits in den Kübeln zum Austeilen und wir mußten es in die Schweinetröge schütten. Uns drei forderte man auf, zu essen, da wir ja arbeiteten. Ich trat sofort vor und sagte, daß wir drei uns solidarisch mit unseren Kameraden erklärten und auch nicht essen würden, wenn diese nichts bekämen. Die Antwort waren Fußtritte. Nun erhielten die Gefangenen morgens nur noch Brot und Kaffee, drei Tage lang. Wir drei hatten soviel Brot gestohlen als wir konnten und unter unsere Kittel versteckt. Beim Kaffee-Austeilen ging der Aufseher immer eine Zelle vor, um aufzuschließen. So hatten wir immer einen Moment Gelegenheit, den Kameraden von dem gestohlenen Brot in die Zelle zu werfen. Nach einigen Tagen war wieder einmal Bestandsaufnahme und es fehlten 134 Brote. Wir hatten auch schon vorher für die Kameraden Brot gestohlen, aber immer hatten wir es so geschickt angefangen, daß kein Verdacht auf uns fiel. Die Wachmannschaft stahl ja selbst alles nur erreichbare an Lebensmitteln und nahm es mit nach Hause. Jeden Tag ging sie mit gefüllten Aktentaschen heim und wir haben gesehen, daß die besten Brocken in diese Taschen wanderten. Nun bekamen die Herren Krach unter sich und einer beschuldigte den anderen des Diebstahls. Wir hatten daran unsere Freude. Aber nicht lange, denn wir mußten ihren Zorn doch ausbaden. Auch hatten wir noch Schikanen von dem Gefängniskoch zu erdulden. Dieser war ein langjähriger Zuchthäusler, welcher sogar die Pakete für die Aufseher selbst packte. Er war uns Politischen überhaupt nicht hold und spielte sich als Übernazi auf. Als ich ihm einmal Vorhaltungen machte, hat er mich verraten. Der Erfolg war, daß ich auf meine Zelle geschickt wurde und von dem SA-Mann Fritz (mit der Brille) auf meiner Zelle mit dem Gummiknüppel geschlagen wurde. Dieser üble Bursche hatte sich überhaupt einen besonderen Spaß ausgedacht. Zuerst kam er immer wohlwollend heuchlerisch zu mir und versuchte mich zu veranlassen, meine Kameraden zu verraten. Als er aber sein Ziel nicht erreichte, änderte er seine Taktik mir gegenüber. Alle 14 Tage durften wir schreiben. Als ich ihn eines Sonntags nach Briefpapier fragte, sagte er: „Ja, komm' mit, dann bekommst Du Papier." Ahnungslos ging ich mit zur Schreibstube. Kaum war ich in der Tür, bekam ich einige furchtbare Schläge mit dem Gummiknüppel über Kopf, Gesicht und Rücken, so, daß mir stark die Nase blutete und das eine Ohr geschwollen war. Oft waren die Wächter betrunken oder wenigstens stark angetrunken. Dann war immer dikke Luft. Ein besonderer Jux war folgendes:

Als Klosettanlage dienten Kübel, die morgens entleert werden mußten. Wenn der Schlüssel zum Aufschließen ins Schloß gesteckt wurde, mußte man mit dem Kübel in den Händen fertig an der Türe stehen. Nun gab Fritz der Tür unverhofft einen Tritt, so daß sehr oft der Kübel aus den Händen der Gefangenen geschlagen wurde und der Unrat sich auf den Boden der Zelle ergoß. Wenn es mit dem Türöffnen nicht klappte, kam er selbst blitzschnell in die Zelle und stieß dem Gefangenen den Kübel aus der Hand. Dann hieß es: „Was du Schwein, willst mir die Uniform versauen?" (Ich vermute, daß er überhaupt nur diesen einen Anzug im Besitz hatte, denn man hatte ihn nie anders gesehen). Woraufhin die Drangsaliererei fortgesetzt wurde. Der Kot mußte mit den Händen aufgerafft werden. Es ist nicht auszudenken, welche Schikane ausgesponnen wurden. Wie oft ging nachts das Licht unverhofft in der Zelle an und ein Pistolenlauf schob sich zum Spion (Guckloch in der Zellentür) herein. Eine Stimme von draußen sagte dann: „Macht euch fertig, ihr werdet jetzt erschossen!" Wir gaben keine Antwort und stellten uns immer schlafend. Wir waren schon so dressiert, die Betrunkenen nicht zu reizen. Die vorhin erwähnten Kübel mußten nach einem Trichter gebracht werden. Dort wurden sie entleert. Oft war dieser Trichter absichtlich von der Wachmannschaft verstopft und der Trichter bis zum Rand gefüllt. Nun mußte sich ein Gefangener den Oberkörper entblößen und mit dem Arm den Abfluß reinigen. Dabei mußte er nicht nur mit dem ganzen Arm, sondern auch mit der Schulter und meist noch mit einem Teil des Gesichtes in den Unrat tauchen. Einmal sah ich einen blonden sauberen jungen Mann. Man sah ihm an, daß er aus guter Familie stammte. Der arme Junge mußte so tief tauchen, daß ihm die Brühe bis zum Munde kam. Wir haben ihn nachher abgewaschen, anderen Tages war er schwer erkrankt und kam ins Krankenhaus. Eine andere Art der Schikane war, daß man uns Ziegelsteine gab und ein kurz am Heft abgebrochenes Tafelmesser. Damit mußten wir solange an dem Stein schaben bis wir nur noch Sand hatten. Dieser Sand wurde als Scheuerpulver verwandt. Dabei war eine Norm gesetzt und ein gewisses Pensum mußte erledigt sein. Lieber Leser, versuchen Sie es einmal und Sie werden erleben, daß man dabei verrückt werden kann.

An einem Nachmittag betraten drei fremde SA-Leute, die ich nie im Leben gesehen hatte, in Begleitung von Fritz meine Zelle. Sie sagten: „Aha, das ist also der Kerl, der den SA-Leuten die Uniformen vom Leib gerissen hat!" Bevor ich noch ein Wort zu meiner Verteidigung sagen konnte, fielen sie in der üblichen Weise über mich her. Sie behaupteten, daß sie sich über mich erkundigt hätten und aus meiner Heimat ihnen dieses mitgeteilt worden wäre. Dieses war eine glatte Lüge. Als sie gingen und mich allein ließen, hatte ich für die nächsten acht Tage genug. Ich sah ziemlich verbeult und mitgenommen aus. Ein paar Tage durfte ich nicht mit zu dem morgendlichen Rundgang in den Hof.

Eines Tages ging die Parole, daß Paul, der alte Stahlhelmer plötzlich gestorben sei. Paul war uns ein Freund und konnte die Nazis vor Augen nicht sehen. Er äußerte sich einmal zu mir, wenn ich Waffen genug hätte, ließe ich euch frei und wir würden die Bande gemeinsam verjagen. Wenn ich in der Wachstube Dienst hatte, konnten die Frauen der Gefangenen auch schon mal Zigaretten und sonstige Bedarfsartikel abgeben. Diese Wachstube war Zeuge manchen Vorfalles. Einmal wurde ein Gefangener geschlagen, weil er sein kleines Kind auf den Arm genommen hatte. Aber nicht deshalb entstand der Spektakel, sondern weil die Frau Zigaretten in das Höschen des Kindes versteckt hatte. Das war auch eine Art der Nachrichtenübermittlung. Wir kamen ja auf die unmöglichsten Ideen. Der Gefangene zog die Zigaretten heraus und ist dabei aufgefallen. Als die Wachleute über den Gefangenen herfielen, wollte die Frau ihm zu Hilfe eilen. Die Frau wurde auch sofort angegriffen und von hinzukommenden Wächtern ebenfalls mißhandelt. Ihre Schreie gellten fürchterlich durch den

Bau. Auf Grund dessen wurde sofort eine Besuchssperre verhängt.

Paul war also tot und wurde begraben. Sein Begräbnis war der Auftakt zu manchem Verbrechen. Bei der Beerdigung legten die Stahlhelmkameraden von Paul Kränze mit schwarz-weiß-roten Schleifen am Grabe nieder. Das empörte die SA und so stellten sich schon am Grabe Unstimmigkeiten zwischen den beiden Parteien heraus. Nachts wurden diese Kränze entfernt und vernichtet. Durch einwandfreie Zeugen konnte bewiesen werden, daß dies von SA-Leuten ausgeführt wurde. Wir, die politischen Gefangenen bekamen daraufhin wiederum drei Tage kein Essen, weil es angeblich Kommunisten oder Sozialdemokraten getan haben sollten. Die Zeugen, die den Vorfall beobachtet und gemeldet hatten, wurden sofort eingesperrt und kamen zu uns. Durch meine Tätigkeit in der Küche sah ich manches, was andere nicht sahen. So sah ich z.B., daß man Gefangene, denen man ein Geständnis erpressen wollte, die aber auch tatsächlich nichts mit der Sache zu tun hatten, in den Zellen fast zu Tode prügelte. Als man den Irrtum einsah, brachte man den Gefangenen Stricke, damit sie sich aufhängen sollten. Sie haben es aber nicht getan. Einem Gefangenen, ein Kellner namens Koch aus Duisburg, der bei der Behauptung blieb, daß er gesehen hätte, wie SA-Leute die Kränze entfernt hätten, hat man fast alle Knochen entzwei geschlagen. Der Mann ist dadurch zum Krüppel geworden. Er weigerte sich hartnäckig, Selbstmord zu begehen und mußte später entlassen werden. Ich sehe heute noch deutlich das Bild vor mir, wie der Einäugige (ein SA-Mann) ihm den Strick auf das Bett legte. Der Mann konnte sich zudem nicht rühren und war auch so schwach, daß er die Tat noch nicht einmal selbst hätte ausführen können. Ich kam gerade mit einem Kübel voll Kehrricht vorbei um diesen in die Mülltonne zu werfen und sah es aus diesem Grunde.

Wie wurden aber die Kriminellen dagegen behandelt? Es waren Vatermörder, Gattenmörder, andere Mörder, Sittlichkeitsverbrecher und viele andere schwere Jungens darunter. Sie genossen alle Vorzüge der Untersuchungshaft und wurden im Gegenteil zu uns bald wie Kurgäste behandelt. Trotz der verschiedenen Ausbruchsversuche mit Ausnahme zweier Fälle, wo ein Vater seine eigene Tochter, 13 Jahre alt, geschlechtskrank gemacht hat und ein junger Mann, der mit seiner eigenen Schwester wie Mann und Frau zusammen gelebt hatte, ist mir von Mißhandlungen an kriminellen Gefangenen nichts bekannt. Wir beneideten manchmal die Kriminellen und haben oft gesagt, hätten wir ein paar Monate abzusitzen, dann wüßten wir, wann wir heimkämen. Eines Tages war es mit meinen Nerven auch am Ende und ich verweigerte nach einem schweren Auftritt mit dem Brillenträger jede Nahrungsaufnahme. 10 volle Tage stand ich im Hungerstreik und nahm keine Nahrung zu mir. Durch meine dauernden Differenzen mit dem Koch und den Wachmannschaften war ich auch nicht mehr in der Küche beschäftigt. Tatsächlich war ich das Leben satt, und alles war mir gleich. Meine Kameraden konnten versuchen was sie wollten, ich reagierte auf nichts. Jeder der diese Zeiten mitgemacht hat, kann das verstehen. Jeden Morgen mußte ich zum Spaziergang auf den Hof. Das war eine Qual für sich. Mit den Händen auf dem Rücken, drei Schritte Abstand vom Vordermann, ging es rund um den Hof und die Polizeihunde liefen knurrend zwischendurch. Ab und zu rief mich der Brillenträger heraus und frug, ob ich den passiven Widerstand nicht aufgeben wollte. Ich verneinte. Lieber tot als diese Quälerei. Die ersten Tage tat es furchtbar weh in der Magengegend aber der Wille war da, und ich war fest entschlossen durchzuhalten. Am 5. und 6. Tag merkte ich, daß die Denkfähigkeit zeitweise nachließ und ich fühlte mich körperlich so leicht, als ob ich fliegen könnte. Am 7. Tage ging ich nicht mehr mit in den Hof. Ich war zu schwach. Nun bekamen die Herren es mit der Angst zu tun. Es war doch immerhin peinlich, wenn so etwas an die Öffentlichkeit kam. Ich hatte immer ein Körpergewicht von 175 bis 180 Pfund. Nun klappte ich buchstäblich zusammmen. Am 10. Tage gab man mir Salz ins Wasser (Wasser habe ich während der Zeit getrunken). Darauf bekam ich einen unheimlichen Durst. Man reichte mir danach Milch und ich trank diese. Von da ab nahm ich wieder Nahrung zu mir. Als ich mich bei einer Gelegenheit wiegen konnte, stellte ich fest, daß ich genau 45 Pfund abgenommen hatte, d.h. seit meiner Inhaftnahme. Meine Frau und Schwägerin brachten mir Wäsche und ich fragte den Wachhabenden, ob ich mir ein reines Hemd auf der Wache anziehen dürfte, damit meine Frau das schmutzige mitnehmen könnte. Als ich mein Hemd über den Kopf zog, stieß meine Schwägerin einen Schrei aus und fiel in Ohnmacht. Auch meine Frau bekam einen Weinkrampf. Ich wollte ihnen nur damit zeigen, wie es uns erging. Furchtbar war ich abgemagert und sie sollten die Außenwelt über die Methoden dieser Verbrecher aufklären. Zu spät bemerkte man mein Vorhaben. Meine Frau ließ es an drastischen Worten nicht fehlen. Die Folge war, daß ich mit dem nächsten Transport verschickt wurde.

Unser Abtransport nach Kemna

Anfangs September ging das geheimnisvolle Raunen durch den Bau: Habt ihr schon gehört, ein Transport wird fertiggestellt ins Moor." Alles war verzweifelt. Solange wir noch in Duisburg waren, hatten wir immer noch Hoffnung, doch eines Tages entlassen zu werden. Nun ging es in die Verbannung und was wir vom Moor gehört hatten, war so, daß wir erschauerten. Immer mehr verdichtete sich das Gerücht. Eines Morgens hieß es, alles auf Kammer kommen und die Sachen empfangen, die man uns abgenommen hatte. Wir erhielten unsere Sachen, obwohl schon bei Manchem vieles fehlte. Dann wurden wir auf dem Hof gruppenweise aufgestellt, und später mit der grünen Minna zum Bahnhof gebracht. Die grüne Minna ist ein Gefangenentransportwagen, der auf jeder Seite für drei Gefangene Sitzgelegenheit hat. Dort wurden wir mit 12 Mann hineingezwängt und fort ging es zum Bahnhof. Die Fahrt war grausam, wir lagen und standen aufeinander und alle Augenblicke dachten wir, der Wagen würde stürzen. Am Bahnhof angekommen mußten wir aussteigen und uns aufstellen. Dann hieß es warten bis alle da waren. Die Menschen am Bahnhof betrachteten uns mit gemischten Gefühlen. Teils Mitleid, teils Neugierde. Einige Arbeiter drückten ihr Mißfallen in Bemerkungen gegen die Polizei aus. Der Transport wurde von einer Hundertschaft der Duisburger Sicherheitspolizei ausgeführt. Diese Beamten, die bekanntlich zum größten Teil im demokratischen Lager standen, waren für uns eine angenehme Abwechslung. Sie waren sehr human zu uns und mancher Bekannte war darunter. Sie versuchten alles, um unser Los zu erleichtern. Einige von uns waren noch im Besitze von Geld. Die Beamten erboten sich unaufgefordert, Zigaretten und sonstige Bedarfsartikel für uns zu kaufen. Die Fahrt verlief viel zu schnell. Zu Zwischenfällen ist es während der Fahrt nicht gekommen. Im Bahnhof Wuppertal wurden wir ausgeladen und zu Fuß ging es in Marschkolonne rechts und links

Das Eingangstor, hinter dem die Häftlinge nach ihrer Einlieferung verschwanden.

An dieser Stelle mußten die Häftlinge bei der Aufnahmeprozedur vielfach bis zu zehnstündige Mißhandlungen erdulden.

31

flankiert von der bis an die Zähne bewaffneten Polizei. Wir waren schon zum Teil körperlich sehr heruntergekommen. Oft sah ich unterwegs, wie hauptsächlich Leute aus der arbeitenden Bevölkerung kaum an sich halten konnten. In ihren Augen konnte man alles lesen. Als ich die Wuppertaler später kennenlernte und feststellen mußte, welch prächtige Menschen es waren, wurde mir alles klar. Ist doch in Wuppertal diese Geisel der Menschheit grausam umgegangen. Schließlich waren wir außerhalb der Stadt. Links kam ein Steinbruch und rechts ein Fabrikgebäude in Sicht. Wir marschierten durch das Tor und waren in „K E M N A".

DER EMPFANG DER ZWEIHUNDERT

Bergisches Land, welch prächtige Menschen birgst Du und wie hat dich eine Meute elender Verbrecher mit Kemna diesen, deinen alten, ehrlichen Namen besudelt. Kemna oder auch die Hölle, es ist gleich. Wer als Gefangener in diesen Mauern saß, hat etwas in sich zerbrechen gespürt. Der Glaube an die Menschheit wurde uns genommen, und nur ganz langsam kehrt er wieder zurück. Im Fabrikhof angekommen wurden wir sofort von der SA-Bande übernommen, angeführt von Hilgers. Die Polizei mußte sofort ihre Waffen entsichern und sollte abtreten. Einige wandten sich den Baulichkeiten zu, um, wie ich annehme, nach Bekannten Umschau zu halten. Sie wurden aber sofort unter lautem Schimpfen und Drohungen von den SA-Wachmannschaften verjagt. Wir sahen den letzten der Blauen mit einem eigenartigen Gefühl schwinden. Die nächsten Stunden gaben uns recht. Ich werde sie nie im Leben vergessen.

Hilgers, der derzeitige Kommandant des Lagers hielt eine Ansprache, die darin gipfelte: „Jetzt seid ihr in unserer Obhut. Hier herrscht friedericianischer Geist, wer nicht pariert, springt über den Stock!"

Dies geschah zwischen 15 und 16 Uhr, am Samstag, den 9. September 1933.

Hilgers Mordbuben umsprangen uns wie eine Meute Wölfe. Sie luden, entluden, sicherten, entsicherten dauernd ihre Waffen, so daß wir immer wieder diese Geräusche in unserem Rücken hören mußten. Wir standen in mehreren Reihen mit dem Gesicht zur Wand, kein Glied durften wir rühren und nicht mit den Augen zucken. Man glaubte es mit Irrsinnigen zu tun zu haben. Jeder gab Befehle, jeder sagte was anderes. Immer wieder hörten wir die Drohungen, wer Anstalten zum

Flüchten machte, würde erschossen. Auf der anderen Seite der Wupper hatten sich Neugierige angesammelt. Auf diese Leute wurde rücksichtslos geschossen. Sie benahmen sich tatsächlich wie Irrsinnige. Wir waren nachher selbst dem Irrsinn nahe. Neben mir stand ein Mann von über 60 Jahren. Als er von dem langen Stillstehen zusammenbrach, wollte ich ihn aufheben, bekam aber von Weischet einen Tritt in den Unterleib. Dem alten Mann schlug er mit einem Besenstiel auf den Kopf und trieb ihn vom Boden auf. So erging es mehreren Gefangenen. Es sind viele zusammengebrochen. Lieber Leser, höre und staune. Wir standen bis nachts zwei Uhr ohne uns zu rühren, ohne Essen, umjohlt von diesen Unmenschen. Das sind zehn volle Stunden. Nachts um zwei Uhr wurden wir mit je zehn Mann in den Bau geholt. Steif und erschöpft vom langen Stehen, konnten wir nicht schnell genug laufen und es wurde auf jeder Treppenstufe mit Fußtritten und Schlägen nachgeholfen. Schließlich wurden wir in einen kleinen Raum geführt, wo Wolf als Hauptperson, Weischet, Hilgers, Hinze, Bläsing und andere, anwesend waren. Sämtliche Papiere und Wertsachen, soweit wir sie noch besaßen, wurden uns abgenommen. Wir sahen sie damals das letzte Mal. Nach Namen, Stand und Parteizugehörigkeit wurden wir gefragt. Es gab einige Kameraden, die leugneten in einer Partei gewesen zu sein. Da ja alles in den uns begleitenden Akten vermerkt war, hatte es keinen Zweck zu leugnen. Fast ohne Ausnahme bekam jeder Gefangene bei der Aufnahme von drei bis vier Seiten seine Schläge. Gummiknüppel, Reitpeitsche und Ochsenziemer lagen auf dem Tisch. Wenn wir es klatschen hörten, wußten wir: Jetzt ist wieder einer fertig. Dann ging es treppauf an zahlreichen SA-Leuten vorbei, wo jeder uns mit Fußtritten oder Schlägen bedachte. Wir landeten in einem Saal wo ehemals Maschinen standen. Völlig leer war dieser Saal. Wenn man hereintrat, waren rechts einige Waschbecken an der Wand. Der Boden hatte etwas Gefälle nach der Straßenseite. Wenn die zehn Mann fertig waren, mußten sie zum Sanitäter (Kamerad

Hugo Jung, Solingen, Geschäftsführer der VVN Solingen).
Dort mußten wir die Hosen heruntermachen und uns bük-
ken, da man angeblich unseren Gesundheitszustand untersu-
chen wollte. Die Untersuchung war ein kräftiger Fußtritt, von
den anwesenden SA-Leuten. Die meisten von uns hatten ihre
Habseligkeiten auf dem Arm, unter anderem Einmachgläser
und Porzellantöpfchen, worin sie ihre Marmelade usw. aufbe-
wahrten. Bei dem Fußtritt fielen die meisten vornüber und es
gab Verletzungen in den sich inzwischen angesammelten Scherben. Weischet hat sich dabei besonders hervorgetan. Zum
Schluß lagen vor dem Sanitäter ein ganzer Haufen blutiger
Scherben und Lumpen. Als die Untersuchung nicht schnell
genug abgewickelt werden konnte, wurden wir unter Prügel
in den Saal getrieben. Wie gesagt, es war ein ehemaliger
Maschinensaal. Die Fundamente waren noch da und finger-
lange Bolzen ragten aus dem Boden hervor. Der Saal war für
200 Menschen viel zu klein. (Ich habe 1948 mit meiner Familie und Freunden Kemna aufgesucht und konnte nicht mehr
begreifen, daß wir damals alle in diesem Raum Platz gehabt
hatten.) Nur ganz dünn war der Saal mit Stroh bestreut. Der
Saal war etwas abschüssig und an der höchsten Stelle wurden
drei alte Speisekübel aufgestellt, für die Verrichtung unserer
Notdurft. Dies war ein teuflischer Plan. Es sollte sich schon in
der ersten Nacht herausstellen. Die Kübel waren nämlich alt
und nur zur Hälfte dicht. Als sie von immer mehr Gefangenen benutzt wurden, lief der Inhalt aus und den am nächsten
Liegenden unter den Körper. Alles mußte ruhig liegen bleiben, viele Kameraden wurden wund am Körper durch den
scharfen Urin. Die ersten drei Tage war es verboten, den Saal
zu verlassen. Tag und Nacht kamen die Schergen und holten
Leute zum Verhör. Als ich am zweiten Tage austreten wollte,
um zur Latrine zu gehen, wurde ich an der Türe empfangen
und zwar von Weischet mit den Worten: „Wenn ihr sch... wollt,
dann nur, wenn wir es Euch erlauben!" Ich wurde zurück-
gejagt. Erst am dritten Tag konnte ich mich in einem unbe-

wachten Augenblick zur Latrine schleichen. Ich hatte furchtbare Leibschmerzen und es war mir kaum möglich, meine Notdurft zu verrichten.

Bei dieser Gelegenheit mußte ich durch den unteren Saal. Dort sah ich, wie gerade aus dem Bunker, einem früheren Kokskeller, Gefangene herausgelassen wurden. Aber wie sahen diese bedauernswerten Menschen aus? Nach Befragen sagte mir ein Kamerad, daß diese Menschen das in Kemna so berüchtigte Heringsfrühstück gegessen hätten. Man zwang die Gefangenen nämlich, denen man Geständnisse erpressen wollte, ungereinigte Salzheringe zu essen, ja, man streute noch Salz obendrauf. Dann ließ man sie längere Zeit in diesem Bunker. Dem Wahnsinn nahe, kamen sie dann heraus. Fürchterlich sahen ihre Gesichter aus. Nach Aussagen von Kameraden sollen oft Gefangene drei Tage in diesem Bunker festgehalten worden sein, und dies ohne etwas zu trinken. Als ich dann endlich auf die Latrine gehen wollte (es war ein langes Brett mit 13 Löchern), hörte ich dort wüstes Geschrei. Ein Kamerad hatte wohl das Glück gehabt, einen Zigarettenstummel zu finden und ihn mit mehreren Kameraden gemeinschaftlich zu rauchen. Vielleicht war es ein Kemnamädel, ich weiß es heute nicht mehr genau. (Ein Kemnamädel war eine selbstgedrehte Zigarette aus ausgekauten Kautabakblättern, wildem Wein, Tabakresten und allem Möglichen, was nur qualmte. Wer nicht ein starker Raucher war, der fiel nach drei Zügen um und war narkotisiert.) Die Kameraden waren durch einen Posten aufgefallen und es entstand in der Latrine eine wüste Schlägerei. Es war dort nämlich alles verboten. Am Prügeln haben sich fast alle mehr oder weniger beteiligt. So ging es tagaus, tagein. Wenn unsere Peiniger nur am Tag gekommen wären, aber sie kamen mit Vorliebe nachts und liefen kreuz und quer durch den Saal. Dabei traten sie uns auf den Körper und es war ihnen gleich, ob sie uns auf den Leib, die Beine, Arme und ins Gesicht traten. Es war ihnen eben alles gleich. Links von mir

Teilansicht des Saales, der für nicht weniger als 200 Häftlinge der Aufenthaltsraum war.

Dachgeschoß des KZ-Hauptgebäudes, in dem viele Gefangene bis zu ihrer Entlassung oder bis zum Weitertransport in die berüchtigten Moorlager im Emsland ausharren mußten.

lag Paul Lahme aus Duisburg-Laar und rechts lag Strampka, ein junger Mann aus Duisburg. Er wurde schon in der zweiten Nacht geholt. Feußner holte ihn. Dabei stand er mit seinen Stiefeln auf meinem Arm. Keiner durfte sich rühren. Die Maschinenpistole war immer schußbereit. Strampka wurde gefragt, warum er da sei. Er hatte zu Hause die Äußerung gemacht: „Hitler und seine SA müßten verschwinden!" Armer Strampka, immer wieder mußte er die Worte wiederholen, dabei wurde er von Bläsing, Feußner, Weischet und Hinze grausam geschlagen, bis er blutüberströmt zusammenbrach. Man schlug ihn so, daß er mit dem Kopf durch die Fensterscheibe flog. Diese Fenster waren weiß gestrichen und es war gewarnt worden, wer seinen Kopf an einem Fenster sehen ließ, würde sofort beschossen. Strampka mußte noch oft diese Folter über sich ergehen lassen. Er blutete sehr stark aus Mund und Nase. Wir haben ihn so gut es ging in unsere Obhut genommen. Ein Schwerkriegsbeschädigter mit einem Bein, sein Name ist mir entfallen, kam eines Tages in den kleinen Verschlag unter die Treppe, wo kein Mensch stehen, sitzen oder liegen konnte. Alle drei Tage warmes Essen. Vierzehn Tage mußte er dort bleiben. Er war so unvorsichtig und hatte sich gegen Hitler geäußert. Dies hatte ein Spitzel verraten. Als der Mann aus dem Verschlag kam, war er wie irrsinnig. Die ihm zugefügten Verletzungen konnte er während dieser Zeit nicht behandeln. Wir hatten ihn, solange er in dem Loch lag, so gut es ging unterstützt. Aber das alles war mit großer Gefahr verbunden.

Einen Stadtoberinspektor Schacht aus Duisburg suchte man bei uns und als man ihn nicht gleich fand, schlug man auf einen anderen Kameraden, namens Kruez, ein. Man schlug ihm sofort ein Auge auf. Es war eine gefährliche Verletzung. Als man jedoch sah, daß man sich geirrt hatte, suchte man Schacht bis man ihn fand. Es wurde ihm gesagt, er sollte die Brille absetzen, damit er besser höre. Daraufhin wurde er furchtbar mißhandelt. Es war schrecklich, so etwas tatenlos zusehen

Stolz präsentierten sich die Angehörigen der SA-Wachmannschaft in ihren Uniformen dem Fotografen.

In diesem dunklen Verschlag wurden hilflose Gefangene tagelang eingepfercht.

zu müssen. Damals haben wir uns alle geschworen, es bei Gelegenheit heimzuzahlen. Ich glaube, daß uns nur dieser Gedanke überhaupt hochgehalten hat. Wenn ich diese Bestien ansah, haben sie wohl in meinen Augen lesen können, wie ich über sie dachte.

Ich hatte dichtes, volles, gewelltes Haar. Weil nun Wolf mir etwas ähnlich sah und dasselbe Haar hatte, machte man sich den Spaß, mir mit einer Haarschneidemaschine ein Hakenkreuz auf dem Kopf zu scheren. Man ließ soviel Haare stehen, daß es wie ein Hakenkreuz aussah. Ein paar Tage später wurden wir alle kahlgeschoren. Über das Essen kann ich nur sagen, daß es denkbar schlecht war und es nur einen ekelhaften Steckrübenfraß gab, der kaum zu genießen war. Brot gab es am ganzen Tag nur eine Scheibe. Mittags dreiviertel Liter Suppe oder wie man es eben nennen will. Abends ein halbes Liter. Dafür zahlte die Stadt Duisburg pro Tag für jeden Gefangenen drei Reichsmark, Wert hatte das Essen kaum 40 Pfennige. Ich habe selbst jahrelang gekocht und kann mir ein Urteil bilden. Man kann daraus ersehen, welch ungeheuren Provit die Lagerverwaltung dabei hatte. Ein guter Kamerad war auch Heinrich Veit aus Duisburg. Ehe er sich beugte, verzichtete er auf seine gute Stellung bei der Kupferhütte Duisburg und hat sich, nachdem er entlassen worden war, in meinen Heimatort zurückgezogen, wo er auch gestorben ist. Veit war auch nicht mehr jung. Ungefähr 60 Jahre alt. Er wurde zum ewigen Stubendienst befohlen. Mit lächelndem Gesicht fegte er den Dreck, und ließ sich nicht unterkriegen.

Hohelied der Kameradschaft

Zur Zeit als wir eingeliefert wurden und alle in dem Saal waren, sank unsere Stimmung auf den Nullpunkt. Auf einmal ertönte aus dem unteren Saale mehrstimmiger Gesang. Bekanntlich sind die Bewohner des bergischen Landes ein sangesfreudiges Volk und die Wuppertaler ganz besonders. Um uns aufzumuntern, sangen sie. Wunderbar erklangen die Akkorde in die Nacht. Sie sangen: „Ich weiß nicht, was soll es bedeuten, daß ich so traurig bin!" In der Stimmung, in der wir waren, hat das Lied uns alle so ergriffen, daß keiner etwas sagen konnte. Aber auch diese Stimmung dauerte nicht lange. Irgendeiner der SA-Strolche war darauf gekommen, daß dieses Lied von Heinrich Heine ist. Die ganze Meute fiel über den Saal her und begann eine große Schlägerei. Viele der Wuppertaler Kameraden sind dabei verletzt worden, und hatten noch lange für ihren Gesang zu leiden. „Wir werden Euch helfen, Judenlieder zu singen!" Das waren die Worte, mit denen die SA-Leute in den Saal eindrangen. Diese verrohten Sadisten hatten ja keine menschlichen Gefühle mehr und konnten nicht soweit denken, daß dieser kameradschaftliche Gruß uns galt. Kameraden aus dem bergischen Land: Heute noch danke ich Euch für Euren guten Willen und werde es Euch nie vergessen. Jetzt wußten wir, daß wir nicht allein waren. Der innere Kontakt war dadurch hergestellt und der äußere kam dann auch einige Tage später. Ich muß es immer wieder betonen, daß ich nie im Leben so gute Kameraden getroffen habe, wie dort im bergischen Land. Immer wieder haben sie bewiesen, das sie ganze Kerle waren. Ich erinnere mich noch gut, daß man einmal eine größere Anzahl verhaftet hatte. Es waren, wenn ich mich nicht irre, ungefähr 80 Mann. Man verdächtigte sie, nachts illegale Flugblätter geklebt zu haben. Als sie im Lager waren, wurden wieder Flugblätter geklebt. Aber diesmal von ihren tapferen Frauen. Eine mit dem Kleistertopf unter dem Mantel, die andere mit dem Pinsel und die dritte mit den Blättern. Nun standen die Nazis vor einem Rätsel. Die Männer waren damals so unsagbar stolz auf ihre Frauen. Das ist Kameradschaft. Diese Männer wurden furchtbar mißhandelt. Leider weiß ich ihre Namen nicht mehr. Aber was ich gesehen habe, kann man ohne es selbst gesehen zu haben, nicht glauben. Ich sah Körper, die von Kopf bis Fuß keinen normalen Flecken Haut mehr zeigten. Blau, schwarz, braun und grün. So waren die Körper von oben bis unten zugerichtet. Aber sie beugten sich nicht. Verrat gab es nicht. Von ganz wenigen Ausnahmen abgesehen. Zu 95 Prozent waren sie fest und eisern.

DER STUBENÄLTESTE

Der SA-Mann Sander, seines Zeichens Friseur aus Duisburg, wurde uns als Stubenältester zugeteilt. Aus Sander ist man nie klug geworden. Früher soll er bei Max Hölz Adjutant gewesen sein. Jetzt sollte er angeblich deshalb verhaftet worden sein, weil er ein Spitzel war und die Nazis ihm nicht mehr vertrauten. Sander hat mir eines Tages einen bösen Streich gespielt. Einem Kameraden, namens Hans, aus der Eifel, der schon in Duisburg mit mir zusammen war, hat er zum kleinen Verhör geschickt. Das vergesse ich Sander nie. Hans war ein typischer Bauernsohn aus der Eifel, mit einem scharfen, markanten Gesicht und einer großen Hakennase. Da die Nazis in ihm einen Juden vermuteten, hatte er viel auszustehen. Er hatte auch einmal einen Schwermutsanfall. Ich habe ihn immer aufgemuntert. Wenn die Türe aufging, mußte alles aufstehen und einer „Achtung" rufen. D.h. wenn einer von der Wachmannschaft hereinkam. So ging auch einmal die Tür auf und mein Hans sah eine gelbe Hose in der Tür und rief gleich „Achtung"! Alles sprang auf. Die gelbe SA-Hose gehörte aber dem SA-Mann Sander. Dieser wurde zornig und meldete Hans. Er mußte hinunter zur Schreibstube zum kleinen Verhör. Das waren 25 Hiebe über das Gesäß. Ich sagte Sander nachher, daß dies eine große Gemeinheit sei. Er wollte auch mich melden, hat es aber unterlassen oder vergessen. Diesen Sander sah ich im Kemna-Prozeß als Zeuge auftreten. Er hätte eher auf die Anklagebank gehört. Das waren so die Vorläufer der späteren Kapos, die oft zum Leidwesen ihrer Mitgefangenen ihr Unwesen trieben. Sander hat keine rühmliche Rolle gespielt und jeder ging ihm aus dem Wege.

An der mit Fabrikabwässern verschmutzten Wupper mußten die Häftlinge mit der Hand ihre Kleidungsstücke waschen.

DAS WASCHKOMMANDO

Eines Tages wurde ich aufgefordert, mit noch zwei Kameraden, Jupp Diebach aus Weiler bei Bad Salzig a. Rh. und Johann – Familienname ist mir entfallen – aus Nierstein ein Waschkommando zu bilden, da keine Waschgelegenheit da war und unsere Wäsche äußerst verschmutzt war. Es waren Kameraden unter uns, die ihre Wäsche sechs bis acht Wochen auf dem Leibe hatten. Ungeziefer hatte fast jeder von uns. Ich habe mich freiwillig angeboten, für die Kameraden zu waschen. Die Wascherei ging folgendermaßen vor sich. Jeder von uns dreien hatte ein großes Bündel schmutziger, stinkiger Wäsche auf dem Arm und ging der Wupper zu, wo uns ein Wachtposten erwartete. Wir mußten an Hilgers, Weischet und Fäustner vorbei. Diese fragten uns, wo wir hin wollten. Als wir sagten, wir gingen die Wäsche waschen, sagte Weischet: Es ist auch Zeit, daß ihr Säue eure Säcke wascht. Dabei trat er dem Kameraden aus Nierstein in den Leib. Wir gingen dann schnell weiter. An der Wupper standen zwei lange Tische, ein Klumpen Schmierseife lag am Ufer im Dreck, Bürsten waren auch da. Das Waschen ging nun vonstatten. Im kalten Wasser eingetaucht, eingeseift und geschrubbt, das hielten die morschen Hemden nicht lange aus und bald hatten wir sie zerrieben. Nun hatten wir keine Wäscheleine. Wir wurde der Befehl erteilt, eine zu beschaffen, egal wie. Hilgers kam gerade vorbei und sagte: „Sorge dafür, daß die Wäsche bald auf der Leine hängt, sonst erlebst du was. Als Hilgers fort war, winkte mir der Posten, ich sollte zu ihm kommen. Bei diesem Mann muß ich bemerken, habe ich nie gesehen, daß er gegen einen Gefangenen ausfallend war oder ihm ein hartes Wort gesagt hätte. Er gab mir den Rat, ich sollte zur Schreibstube gehen und mir auf seinen Namen die Kordel geben lassen, die von den Paketen stammte. Sämtliche Pakete für Gefangene wurden auf der Schreibstube geöffnet und auch des größten Teils ihres Inhalts beraubt. Mit gemischten Gefühlen ging ich zur Schreibstube. Ich durfte mir die Kordel nehmen, es waren alles zerschnittene kleine Stücke.

EINLIEFERUNG VON UNGEFÄHR 50 KINDERN VON 8 BIS 14 JAHREN

Eines Abends vernahm ich eigenartige Geräusche auf dem Hof. Zuerst hörte ich den Flitzer des Gestapo-Manns Pedrotti. Der kam oft, und alles war aufgeregt, wenn er erschien. Aber ich hörte andere Geräusche und auf einmal wußte ich, es waren Kinderstimmen. Ich konnte mir nicht erklären, wo sie herkamen und was sie bedeuten sollten. Ich kratzte mir ein kleines Loch in die Farbe am Fenster und sah zu meinem Schrecken eine große Anzahl Kinder in zwei Reihen im Hof stehen. Sie froren in ihren kurzen Hosen, denn es war schon kalt. Sie standen still. Die Nazis liefen hin und her. Es wurde auch geschrien. Nachdem die Kinder lange Zeit dort gestanden hatten, wurden sie durch den Hof ins Hauptgebäude geführt. Keiner durfte mit den Kindern sprechen und diese nicht mit uns. Es waren Pfadfindergruppen, christliche, sozialdemokratische und kommunistische. Viele hatten Musikinstrumente dabei, diese wurden ihnen sofort von den SA-Leuten abgenommen. Die SA-Leute gingen damit auf ihre Zimmer und begannen damit zu klimpern. Da ich mir vorgenommen hatte, auf alles zu achten, um es später einmal wiederzugeben, habe ich mich auch erkundigt, was es mit den Kindern zu bedeuten hätte. Ich erfuhr folgendes.

Ein Hitlerjunge war erstochen worden und als Repressalie hat man diese Kinder eingesperrt. Da es sich aber schnell herumsprach und vor der Öffentlichkeit nicht mehr zu verheimlichen war, daß dieser HJ-Junge von seinem eigenen Kameraden erstochen worden war, mußte man die Kinder wieder laufen lassen. Wie furchtbar mußte es doch für die Eltern dieser Kinder gewesen sein, als sie abends vergeblich auf ihre Kinder warteten. Wie furchtbar aber erst, als die Eltern hören mußten, daß ihre unschuldigen Kinder in der Hölle von Kemna waren. Ein Glück, daß den Kindern ein tieferer Einblick in das furchtbare Geschehen erspart blieb.

Teilansicht des Hofes hinter dem KZ-Gebäude, auf dem die Wachmannschaft die wehrlosen Häftlinge stundenlang herumjagde.

Auf dem Spazierweg entlang der Wupper in unmittelbarer Nähe des Lagers wurden Freunde und Angehörige der Gefangenen, die einen Blick in das KZ werfen wollten, von SA-Leuten durch Warnschüsse vertrieben.

Die Polizei war durch folgende Männer vertreten. Polizei-Major Balke aus Düsseldorf. Der Leiter des Schraderverbandes (Demokratischer Beamtenverband), Fritz Schulte, heutiger Polizeichef von Wuppertal, Kriminalbeamter Johannis Pauli, Polizeibeamter Paul Guse und Polizei-Inspektor Niermann. Paul Guse wurde nach dem Emslandlager Neusustrom verschleppt und dort umgebracht. Johannes Pauli hatte verschiedene Mordaffären und Schießereien der Nazis aufgedeckt. Das sollte er in Kemna büßen. Niermann wurde darum verhaftet, weil er den Veller, den Nazi-Polizeipräsidenten einmal verhaften ließ, als dieser in betrunkenem Zustand in die Menschenmenge schoß. (Veller genannt „Emmes").

Aber eine große Sensation für die Wachmannschaften war doch der Zentrumsabgeordnete und frühere preußische Wohlfahrtsminister Hirtsiefer. Dieser wurde von der SA in Essen verhaftet und mit aufgespanntem Regenschirm und einem Schild um den Hals wurde er durch die Straßen geführt. Durch die künstlich gegen ihn aufgeputschte Wachmannschaft hatte er viel zu leiden. Schwielenheinrich nannten sie ihn. Seelisch hatte er viel zu leiden und auch körperlich. Sehr oft habe ich gesehen, daß er in die Wupper gejagt wurde. Beim Dauerlauf mußte er viele Extrarunden drehen, und weil sein dicker Bauch dabei immer auf und ab hüpfte, mußte er immer wieder laufen. Die Bestien lachten dabei, daß ihnen die Tränen die Backen herunterliefen. Ich habe oft befürchtet, daß Hirtsiefer dabei ein Schlaganfall treffen könnte. In der Schmiede mußte er arbeiten und jedem Besucher, d.h. wenn andere SA-Führer kamen, wurde Hirtsiefer immer als ganz besondere Lagerkostbarkeit vorgeführt. Hirtsiefer mußte auch eine Brotmaschine anfertigen. Ich habe mich oft mit ihm unterhalten und ich kann versichern, daß ich etwas von ihm gelernt habe, was mir bis heute noch nicht geschadet hat. Hirtsiefer war sehr korpulent und ich schätzte ihn auf 250 Pfund. Darum war das Baden und Laufen im Lager und längs der Wupper eine Qual für ihn. Ich sehe ihn noch heute unbekleidet vor mir stehen und nach Luft ringen. Dabei waren es Bengels von 18 bis 19 Jahren, die den alten Mann quälten. Einmal setzte ich mich zu ihm ans Bett, nach einer solchen Tortur und wollte mich mit ihm unterhalten, aber er brachte kein Wort heraus. Täglich wuchs unser Haß gegen diese Teufel in uns. Oft war ich daran, eine Dummheit zu begehen. Meine vertrauten Kameraden hielten mich immer davon ab. Wenn einem die Flucht gelang, wurde einfach einer seiner nächsten Angehörigen eingesperrt. Schmidt und Hilgers haben es nicht nur einmal, nein hundertmal betont. Wer ein zweitesmal hier hereinkommt, der kommt nicht mehr lebend heraus. Auch drohten sie uns immer wieder: „Wer auch nur ein Wort erzählt, kommt wieder hierher und findet den Ausweg nicht mehr." Eines Tages kamen vier oder fünf Mann, angeblich Ministerial-Direktoren, die früher mit Hirtsiefer zusammengearbeitet haben sollen. Sie sollten eine Untersuchung gegen Hirtsiefer durchführen, betreffend Hirtsiefer-Siedlung in Essen. Hirtsiefer kam auch dann nach einigen Tagen fort. Ich habe dann nichts mehr von ihm gehört. Später wurde mir gesagt, daß er mit dem Auto zum Börgermoor gebracht worden sei. Heute weilt Hirtsiefer nicht mehr unter den Lebenden.

Der Geistliche

Eines Tages große Aufregung im Lager. Die SA lief durch die Säle und sagte, daß ein evangelischer Geistlicher gekommen sei und daß wir uns zur Betstunde in einem gewissen Saal zusammenfinden sollten. Wir schauten uns an wie nicht gescheit. Was sollte denn das wieder bedeuten? Keiner dachte daran, dorthin zu gehen, wir vermuteten eine neue Teufelei. Trauen konnte man ihnen ja nie. Unglücklicherweise stand ich gerade an der Tür, als Weischet hereinkam und mich sofort anschrie: „Willst Du Schwein mal schnell zur Betstunde gehen?" (Weischet oder Rechts-Außen, wie er von uns genannt wurde wegen seiner krummen Beine, hatte mich besonders ins Herz geschlossen, obwohl ich den Menschen noch nie gesehen hatte oder ihn kannte.) Ich sagte nur, ich sei Dissident. Darauf trat er mir in den Unterleib, daß ich in mich zusammensank und sagte: „Dissident, so etwas gibt es nicht mehr!" Man beachte diesen Hohn. Wir sollten vielleicht noch für ihr Seelenheil beten. Es ging niemand. Schnell haben wir eine Abordnung von 20 Mann zusammengestellt. Diese gingen zu dem Geistlichen. Ob dieser Herr von sich aus kam oder geschickt oder gerufen wurde, weiß ich nicht. Diese 20 Mann fragten den Geistlichen als erstes, ob er darauf einwirken könnte, daß die Quälereien aufhörten. Er antwortete, er hätte keinen Einfluß darauf und könnte nichts für uns tun. Darauf verließen die Kameraden sofort den Saal und kamen zurück. Es ist unglaublich, mit welchen Mitteln die Kerle arbeiteten, um nach außen hin den Schein zu wahren. Jedes Mittel war ihnen recht. Ich habe nie gemerkt, daß diese Teufel das Christentum achteten und die Lehren von Jesus Christus auch nur im Entferntesten anerkannten.

Zur selben Zeit wurde eine Ansprache durch Hitler im Rundfunk übertragen. Wir mußten im großen Saale antreten, denn dort war ein Radio aufgestellt. Nach Beendigung der Ansprache wurde das „Horst-Wessel"- und „Deutschland-Lied" gespielt und wir sollten die Hand zum Hitlergruß erheben. Ich dachte, in dem Gedränge merkt es niemand und ließ meine Hand unten. Auf einmal bekam ich einen furchtbaren Schlag gegen den Ellenbogen. Der Arm flog in die Höhe und blieb bei meinem Vordermann auf den Schultern liegen. Wahnsinnige Schmerzen durchzuckten meinen Arm und lange noch verspürte ich die Schmerzen. Es fühlte sich immer an, als ob zwei Erbsen im Gelenk wären, die ich hin- und herschieben konnte. Hatten wir blaugeschlagene Augen oder sonstige wunde Stellen am Kopf, so mußten wir auf Befragen immer antworten, wir seien die Treppe heruntergefallen. Es wagte auch niemand, etwas anderes zu sagen. So trugen wir unser Los allein. Der Geistliche konnte uns ja auch nicht helfen.

Weihnachten im Konzentrationslager.

In eine für sich abgeschlossene Welt menschlicher Sünde und Not soll das schönste unsrer christlichen Feste einen Strahl der ewigen Liebe unsres Gottes und Heilandes senden. Die Leitung des Konzentrationslagers an der Kemna hat erlaubt, den Gefangenen eine Weihnachtsfeier zu bereiten, bei der ihnen auch ein Geschenk dargereicht werden darf. Der Lagerkommandant hat das bestehende Rauchverbot für die Festtage bis zum 1. Januar aufgehoben. Wer hilft mit, den Gefangenen einige Zigarren oder Tabak zu schenken? Ferner wird von den Gefangenen sehr begehrt Butter bzw. Margarine oder Schmalz zu Brotaufstrich. Endlich möchte ich den Häftlingen ein Schriftchen in die Hand legen, das sie hinweisen kann auf das wahre Weihnachtsgeschenk, das der himmlische Vater uns sündigen, verlorenen Menschen gemacht in hat seinem lieben Sohne Jesus Christus, unsern Herrn. Gaben für diese Weihnachtsfeier erbitte ich entweder durch die Bezirkspfarrer oder auf das Postscheckkonto der Evangelischen Kirchengemeinde Langerfeld: Köln 84915.

Pastor Altenpohl
Seelsorger am Konzentrationslager.

Der deutschchristlich orientierte Pfarrer Martin Altenpohl, zum „Seelsorger am Konzentrationslager" berufen, konnte mit dem Segen der Lagerleitung im Dezember 1933 für die Häftlinge eine Weihnachtsfeier abhalten. Diese Notiz erschien im „Evangelisch-lutherischen Gemeindeblatt" vom 17. Dezember 1933.

Von meiner ganzen Haftzeit habe ich nur vier Wochen in einem Bett geschlafen. In Duisburg waren wir immer mit drei bis vier Mann in einer kleinen Zelle. Da hatte nur einer ein Bett, die anderen lagen auf dem Zementboden. Hatten wir uns etwas Papier zum Daraufliegen besorgt, wurde es uns prompt abgenommen, wenn es bemerkt wurde. In Kemna wurde uns Stroh auf den Boden gestreut, genau wie in einem Stall, nur weniger. Da lagen wir nun Mann an Mann, wie die Heringe in der Tonne. Wurde nachts einer geholt, und das kam öfter vor, dann liefen sie rücksichtslos über unsere Körper hinweg. Ich hatte meinen Platz nach der Straßenseite zu, und da wo mein Kopf lag, war ein Loch im Boden, fast so groß, wie eine Untertasse. Dieses Loch stammte von Heizungsröhren, die früher einmal dadurch gingen. Unter diesem Loch war das Vernehmungszimmer. Nun wurde ich Ohrenzeuge der furchtbarsten Mißhandlungen, welche die Kameraden über sich ergehen lassen mußten. Sehen konnte ich nur ab und zu einen Schatten an der Wand vorbeihuschen. Einmal konnte ich hören, wie einer einen Stuhl nahm und dem Gefangenen auf den Kopf schlug. Ich hörte auch den Fall des Körpers. Eine Stimme sagte auf Dialekt: „Dem hast Du es aber gut gegeben. Man merkt, daß Du ein Metzger bist." Dann eine andere Stimme: „Den schaffen wir jetzt in den Steinbruch." Überhaupt war der Steinbruch bei allen Gefangenen sehr gefürchtet. Kurze Zeit darauf fuhr auch ein Wagen ab in Richtung Steinbruch. Es war für mich eine seelische Folter, immer wieder hören zu müssen, wie meine Kameraden mißhandelt wurden. Wenn vorher einer aus dem Saal geholt wurde, so wußte man ja auch, wer der Gequälte war.

So einmal ein junger Mensch von 17 Jahren. Er wurde bei uns 17 Jahre alt. Fritzchen nannten wir ihn. Wenn ich mich nicht irre, war er aus Solingen. Acht Tage lang hat man den Jungen

An der markierten Stelle am Heizkörper im Hauptgebäude befand sich ein Loch, durch das Willi Weiler alle Vorgänge im Vernehmungszimmer der Wachmannschaft mit anhören konnte.

jede Nacht heruntergeholt. Er sollte verraten, wer die Flugblätter geklebt hätte. Fritzchen hat die furchtbarsten Mißhandlungen über sich ergehen lassen müssen. Sein Körper war über und über mit Wunden und blutunterlaufenen Stellen bedeckt. Der Junge war standhaft und hat nichts verraten. Ich habe den Jungen wie einen eigenen Sohn in mein Herz geschlossen. Der Heroismus dieses Jungen, der ja noch fast ein Kind war, war bewunderungswürdig. Als man nichts aus ihm herausbekam, holte man einen anderen, einen Mann von über 40 Jahren. Ich will seinen Namen nicht nennen. Er ist nach ein paar Ohrfeigen umgekippt und hat gesungen wie eine Nachtigall. Ich habe mir aber bis heute noch nicht erlaubt, ein Urteil zu fällen. Einer ist der andere nicht und nicht jeder hält diese Quälereien aus. Man ließ die Gefangenen Salzheringe, ungereinigt wie sie aus dem Faß kamen, essen. Ja, man streute noch Salz darauf, und sperrte sie in kleine Spinde. Da die Türen dieser Spinde selten ganz zugingen, wurden die Türen mit Draht zugebunden. Vor die betreffende Tür, so daß der Gefangene es sehen konnte, stellte man einen Schemel und darauf ein Glas Wasser. Der Gefangene sah das Wasser und konnte es nicht erreichen. Auf diese Art tobten sie ihren Sadismus aus. Dabei sagte man uns zum Hohn auch noch, wir seien zu unserem eigenen Schutz in Schutzhaft genommen. Immer wieder habe ich feststellen müssen, daß die geistige Primitivität dieser berufsmäßigen Putschisten und Landsknechte kaum glaublich war. Diese SA, die abgerichtet und gedrillt sich wie Bluthunde, die von der Kette gelöst sind, auf alle freiheitlich, demokratischen Menschen stürzte, war eine moralisch vollständig verkommene Meute. Wie nur wäre es sonst möglich, daß 18jährige, alte Leute von über 70 Jahren mißhandeln konnten. So etwas gibt es nur einmal. Die Wuppertaler SA spie ihre hemmungslosesten und brutalsten Vertreter für den Dienst in Kemna aus. Nein, es waren keine normalen Menschen, Verbrecher und Sadisten. Häftlinge und Wachmannschaften hatten sich meist persönlich aus früheren politischen Auseinandersetzungen gekannt. Nun konnten sie ihren persönlichen Rachegelüsten freien Lauf lassen, und das taten sie ausgiebig. Sie wußten, daß sie von der Bevölkerung gehaßt würden wie die Pest und darum haben sie ihr ins Wanken geratene Selbstbewußtsein durch „Heldentaten" an ihren wehrlosen Opfern wieder aufgerichtet. Sie sind voll verantwortlich für ihre Taten und dürfen auf keine Milde rechnen. Über das Lager selbst ist folgendes zu sagen. Das Gebäude selbst war ein Fabrikgebäude. Dreistöckig, mit noch zwei Hallen. In dem Fabrikbau waren ebenerdig der Aufnahmeraum, die Wachstube, die Küche und das Geschäftszimmer. Der Unterkunftsraum der Wachmannschaft war im ersten Stock. Im zweiten und dritten Stock waren die Säle für die Schutzhäftlinge. Die Säle 3 und 4 waren teilweise mit dreistöckigen Holz- oder Eisenbetten eingerichtet. Eine Decke gab es aber erst, als die kalte Jahreszeit anbrach, aber nur im beschränkten Umfange. Die letzten vier

Wochen meines Aufenthaltes in Kemna haben wir erst Betten erhalten. Die andere Zeit lagen wir auf dem Boden. Eine richtige Krankenbetreuung gab es nicht, und die sanitären Einrichtungen waren denkbar primitiv. Die Säle richtig zu reinigen war kaum möglich, da es an den entsprechenden Geräten fehlte. Wie schon erwähnt, waren einige Waschbecken vorhanden, wovor sich die Menschen drängten. Morgens hieß es antreten zum Baden. Dieses Baden war eine fein ausgeklügelte Folter. Mir selbst machte es nicht sehr viel aus, da ich seit meiner frühesten Jugend ein guter Schwimmer und Taucher war. Wir mußten Steine holen und damit auch richtig getaucht wurde, hat man ab und zu über unsere Köpfe hinweggeschossen. Als es kälter wurde, war morgens das Gras immer gereift und am Rande der Wupper hatte sich schon Eis gebildet. Für Nichtschwimmer war es eine Qual. Das Wasser wurde immer aufgewühlt und war dann sehr schmutzig. Wir standen dann oft lange in der Kälte und manch einer hat sich eine Lungenentzündung und andere Krankheiten geholt. Den Schnupfen hatten wir fast alle.

Ab und zu wurde schon mal einer entlassen. Der Schneidermeister Pöhn aus Duisburg sollte auch eines Tages entlassen werden. Als er sich von uns verabschiedete und zur Tür hinausging, winkte er noch einmal kameradschaftlich mit der Hand. Ein Spitzel meldete sofort Weischet, daß Pöhn mit dem Rot-Front-Gruß sich von uns verabschiedet hätte. Pöhn war ein großer, kräftiger Mensch, war ruhig, vernünftig und ein sehr guter Kamerad. Auf die Denunziation hin wurde er fürchterlich mißhandelt und kam unter die Treppe in den kleinen Verschlag. Dort konnte er weder liegen, sitzen noch stehen. Als er in das Loch hineingepfercht wurde, hat Weischet noch in dieser Stellung auf ihn eingeschlagen. Pöhn hatte keiner Partei angehört. Er wurde dabehalten und kam erst viel später zur Entlassung.

Jede Woche schickte meine Frau mir ein Paket mit Lebensmitteln und Bedarfsgegenständen. Aber keins ist in meine Hände gelangt. Auch schickte sie mir dabei immer für einige Mark Briefmarken. Das war in Duisburg so üblich, dort haben uns unsere Frauen die Briefmarken hineingeschmuggelt. Das war unsere Währung, womit wir uns etwas kaufen konnten. Nie ist auch nur eine einzige Briefmarke in meine Hände gelangt. Ein Zeichen, daß diese verkommenen Verbrecher vor nichts Halt machten und Gesetze und das Recht brachen, wie es ihnen ihre Willkür eingab.

Das Reichsbanner „Schwarz-Rot-Gold", wurde besonders von den Banditen gehaßt. Auf führende sozialdemokratische Männer aus Partei, Gewerkschaft und Verwaltung wurde Jagd gemacht. Das Wort „Bonzen" konnte man immer wieder hören. Der sozialdemokratische Parteivorstand, Emil Quitzau, Oskar Hofmann, ein älterer Mann und August Christmann, fielen ihnen zum Opfer. Oskar Hofmann war Redakteur der „Freien Presse". Er hatte besonders viel zu leiden. Hofmann trug einen langen Vollbart. Zum besonderen Vergnügen hat man Hofmann den Schnurrbart auf der linken und den Backenbart auf der rechten Seite abgeschnitten. Eine Längsfurche schnitt man ihm mit der Maschine durch sein graues Haupthaar. Schmidt hat den alten Mann auf jede erdenkliche Art und Weise gequält. Der Arbeitsamt-Direktor, Willi Bökenkrüger, jetziger Arbeitsminister von Rheinland-Pfalz, der Krankenkassen-Direktor Willi Enz mit seinem Sohn und die Betriebsräte der Wuppertaler Bahnen, Fritz Sänger und Adolf Mann, werden ihre Zeit in der Kemna nicht vergessen. Vom Reichsbanner wurde der Düsseldorfer Leiter Georg Petersdorf, genannt der „eiserne Schorsch", jetziger Betriebsleiter des „Rhein-Echo" und der Wuppertaler Leiter Willi Hohmann geholt.

Am allerschlimmsten erging es den kommunistischen Funktionären. Dem Organisations-Leiter der KPD Wuppertal, Otto

Willi Weiler bei einem Besuch des Steinbruchs im Jahre 1948. Der Steinbruch spielte in den Vernehmungen der Häftlinge durch die SA eine große Rolle, weil man Gefangene bedrohte, sie dort zu erschießen.

Böhne, erklärte man sofort: „Hier kommst Du lebend nicht mehr heraus, hier wirst Du kaputt gemacht." Man hat ihn auf die unmenschlichste Art langsam und systematisch zu Tode gequält. Er hat Unvorstellbares erdulden müssen. Der kommunistische Landtags- und Stadtverordnete Willi Spicher mit einer Anzahl Kameraden, hat auch die furchtbarsten Mißhandlungen erdulden müssen. Schmidt hielt ihm des öfteren die Pistole an den Mund und drohte mit Erschießen. Ein Kommando mußte eines Tages in den Kläranlagen von Remscheid nach Waffen suchen. Nachdem die Gefangenen mehrere Stunden in der glühenden Sonne gestanden hatten, mußten sie in dem furchtbar schmutzigen, stinkenden Schlamm nach Waffen suchen. Immer wurden sie angetrieben durch die Drohungen des Erschießens. In einiger Entfernung sahen Passanten dem Treiben zu. Die SA-Leute schossen blindlings in die Menge hinein und Bläsing hat dabei das Kind Göbel getötet.

Die Aktion verlief ergebnislos. Dafür mußte ein Gefangener, der angeblich die falschen Angaben gemacht hatte, sein Leben lassen.

Eines Tages große Aufregung im Lager. Ein Hin- und Herrennen. Man versuchte das Lager sauber zu machen und ihm einen freundlichen Anstrich zu geben. Der hoffnungsvolle Hohenzollernsprößling, Prinz August Wilhelm von Preußen, „genannt „Auwi", war in Wuppertal und sollte als besondere Sehenswürdigkeit auch das Lager Kemna besichtigen. Der bekannte und berüchtigte Massenmörder Puppe (35facher Mörder), war von seinem eigenen Kameraden erschossen worden. Als er am Boden lag, brachte er es noch fertig, den anderen auch umzulegen. „Auwi" erzählte man natürlich, daß Puppe von den Roten ermordet worden sei, und „Auwi" gab diesem Massenmörder das letzte Geleit. Ausländische Zeitungen brachten in großen Zeilen: „Ein Kaisersohn hinter dem Sarge eines 35fachen Massenmörders"! Von einem Stab von höheren Partei- und SA-Würdenträgern begleitet kam „Auwi" ins Lager. Nachdem er nur einen kurzen Blick in die Säle geworfen hatte, zog er sofort seinen langen Hals wieder zurück. Ein Gefangener mußte ihm im Auftrage von Hilgers einen Blumenstrauß überreichen. Die Situation scheint „Auwi" sehr peinlich gewesen zu sein. Die SA ist vor Ehrfurcht vergangen und es hätten ihnen nur noch lange Schwänze gefehlt, damit sie wie die Hunde wedeln konnten. „Auwi" ging wieder und es wurde kräftig weitergeprügelt. Später wurde mir erzählt, daß anläßlich des hohen Besuches abends unter der Wachmannschaft ein wüstes Saufgelage stattgefunden hätte. Dabei hätten sich diese Gauner gegenseitig mit Eiern, Kaviar und Schinkenbrötchen beworfen. Nachher hätten sie sich gegenseitig aus Sektflaschen Urin in die Gläser geschüttet. Dabei sei es zu einer furchtbaren Prügelei unter ihnen gekommen, wobei einem SS-Mann ein Auge ausgeschlagen wurde. Das soll auch der Grund sein, warum Wolters, der Nachfolger von Hilgers, als Kommandant im Lager umgelegt worden ist. Er wurde von außen durch das Fenster durch einen Kopfschuß in seinem Schreibtischsessel erschossen. Wolters war humaner und duldete keine Mißhandlungen. Auch wollte er diese Sachen vor ein Parteigericht bringen. Darauf haben diese spezialisierten Mordbuben ihn einfach umgebracht. Vor nichts schreckten sie zurück, auch nicht vor Meuchelmord an den eigenen Kameraden. Zwei junge Kunstmaler aus Duisburg, der eine war der Sohn eines Arztes, Dr. Strupp, aus Duisburg, waren gute Freunde und mit uns nach Kemna gekommen. Warum sie eigentlich inhaftiert waren, weiß ich nicht. Sie wurden von der Lagerleitung aufgefordert, Bilder von Hitler, Göring, Göbbels und anderen Parteigrößen, zu malen. Sie haben es abgelehnt mit der Bemerkung, das könnten sie nicht. Ich sehe heute noch, wie der jüngere mit blaugeschlagenen Augen die Türe hereinkam. Wurde dann von einem Wachmann gefragt: „Was hast Du gemacht?", so kam immer prompt die Antwort: „Ich bin die Treppe heruntergefallen". Die beiden mußten zur Strafe die Böden der Wohnräume der Wachmannschaften bohnern. Später sah ich einen anderen Kameraden, der von Beruf Maurer war, aber wunderbar malen konnte, daß er ihnen ihre würdigen Vorbilder am laufenden Band malte. Dafür bekam er ab und zu mehr zu essen. Als ich diesem einmal Vorhaltungen machte, sagte er, Hunger täte weh. Die beiden Kunstmaler hatten noch viel zu erdulden. Es waren zwei brave Kerle, die sich aber ziemlich für sich hielten, und nicht viel sprachen. Auch später haben sie keine Bilder gemalt.

Eine besondere Klasse von Gefangenen waren SA-Leute selbst. Man höre und staune, ich zählte einmal 76 Mann. Dieses waren Leute von der „Strasser-Gruppe". Einer davon war aus Mundenheim bei Mannheim, Seppel hieß er und ist mit uns von Duisburg gekommen. Mir gegenüber hat sich Seppel einmal geäußert: „Hitler hat uns verraten als er in „Villa-Hügel" in Essen mit den Großkapitalisten sich zusammengetan hat.

Wenn ich einmal freikomme", sagte er, „fahre ich nach Berlin und lege den Strolch um." Ach, hätte Seppel das doch getan, dann wäre der Welt vieles erspart geblieben. Die SA-Leute hatten es natürlich viel besser als wir und es war uns offiziell verboten, auf ihren Saal zu gehen oder mit ihnen zu sprechen. Sie wurden auch nicht, wie wir, kahlgeschoren. Eines Tages, ich ging gerade zur Latrine durch den unteren Saal, sah ich, wie man einen jungen SA-Mann, 23 bis 24 Jahre alt, einbrachte. Er hatte eine funkelnagelneue Uniform an. Man forderte ihn auf, die Uniform auszuziehen. Er weigerte sich, man zog ihm dann die Bluse mit Gewalt aus. Darunter trug er ein gelbes Polohemd mit kurzen Ärmeln. Dieses Hemd zog man ihm auch aus, und ich fiel bald vor Staunen auf den Rücken. Der Mann hatte über die ganze Brust, vom Nabel bis zum Hals, und die ganze Breite der Brust, einen Sowjetstern in knallroter Tusche tätowiert. Da johlte diese Meute, als ob sie Stalin selbst gefangen hätten.

Es war wirklich ein eigenartiger Anblick. Sie nahmen ihn mit ins Vernehmungszimmer. Was nun eigentlich mit ihm los war, weiß ich nicht. Wegen der Spitzel konnte man auch nicht viel fragen. Ein alter Kämpfer für die Nazis war es bestimmt nicht, sonst hätte er dieses Symbol nicht auf der Brust getragen. Nun war die SA damals stark durchsetzt mit Leuten aus der KPD. Der damals verbotene Rot-Frontkämpfer-Bund hatte einige seiner besten in die SA geschickt, um diese zu zersetzen. Ich erinnere mich, daß während meiner Haftzeit in Duisburg einmal bei einem SA-Hemd, das in eine Wäscherei gegeben wurde, unter dem Kragen ein kleiner Sowjetstern gefunden wurde. Man sagte nichts, sondern ließ den Sturm antreten. Da wurde plötzlich nachgesehen und bei vielen wurde dasselbe gefunden. Ich nehme an, daß es auch einer von denjenigen war. Es gehörte schon viel Mut dazu. Was weiter mit dem jungen Mann geschah, weiß ich nicht.

Einen einzigen Kriminellen hatten wir bei uns. Dies war ein Zuchthäusler, welcher aus dem Zuchthaus Wittlich/Mosel ausgebrochen war. Er hatte 15 Jahre Zuchthaus zu verbüßen. Er war nur kurze Zeit bei uns und wurde später abgeholt. Er war der große Schweiger und hat sich mit niemandem unterhalten. Was er eigentlich ausgefressen hatte, wußte niemand. Die Gefangenen rekrutierten sich aus christlichen, sozialdemokratischen und kommunistischen Männern. Auch Ausländer waren bei uns, hauptsächlich Russen. In Duisburg in der sogenannten „Einschornstein-Siedlung" wohnten seiner Zeit eine Anzahl Ingenieure, die aus Rußland in Urlaub kamen. Es waren alles Deutsche, die in der UdSSR, beschäftigt waren. Sie waren alle begeistert von dem Aufbauwillen der Russen und waren des Lobes voll. Es ist auch gut zu verstehen. Junge talentvolle Techniker und Ingenieure mit dem Kopf voller Pläne. Im damaligen Deutschland gab es keine Möglichkeit, ihre Tatkraft und ihr Können unter Beweis zu stellen. Rußland gab ihnen diese Möglichkeit in weitgehendster Form. Geld und Material spielten keine Rolle, alles wurde ihnen in reichem Maße zur Verfügung gestellt. Sie bauten Fabriken, ganze Städte, Talsperren und sonstige technische Anlagen. Da Rußland aus einem Agrarstaat in einen Industriestaat hinüberwechselte, fehlte es ihnen an qualifizierten Arbeitskräften. Die Leute sagten: Dort können wir uns entfalten und wer uns arbeiten läßt, ist unser Freund. Nebenbeibemerkt verdienten sie sehr gut dabei und hatten die Taschen voll Geld. Diese Leute hat man gleich nach der Machtübernahme kassiert. Es waren prächtige Kameraden und sehr helle Köpfe. Diese Hohlköpfe von Nazis fürchteten sie. Hitler hat sich solche Leute nachher mit denselben Methoden gekauft, indem er ihnen ebenfalls alles zur Verfügung stellte und sie arbeiten ließ. Autobahnen, Fabriken und alle möglichen Projekte wurden gebaut, und auch der Erfinder konnte Unterstützung finden, wenn er etwas auf die Beine gebracht hatte, welches Hitler seinen Zielen diente. Nun hatten diese Männer Zeit, darüber nachzudenken, ob sie nicht besser ihren Urlaub in ihrem Gastland verbracht hätten. Prächtige Kameraden waren es, und ich denke gerne an sie zurück. Auch noch im Lager hatten sie den Kopf voller Pläne, und ihr sehnlichster Wunsch gipfelte immer in den Worten, zurückzukehren an die Stätten ihrer Arbeit und ihres Wirkens. In Kemna wurden sie behandelt als Spione und waren allen Schikanen ausgesetzt. Ich habe mich oft mit ihnen unterhalten, und festgestellt, daß sie politisch nur wenig interessiert waren. Für sie gab es nur ihre Arbeit. Verschiedene von ihnen lebten drüben teils in ganz menschenleeren Gegenden und bauten Hochspannungen und elektrische Anlagen. Dadurch waren sie oft monatelang mit ihren Männern in den Urwäldern und Gebirgen. Sehr unterhaltsam konnten sie erzählen und immer wieder trat dabei ihr Unternehmungsgeist und Schaffensdrang zutage. Es waren Pioniere der Arbeit, die das große Rußland technisch mit erschließen halfen. Deutschland konnte ihnen damals kein Brot geben, und so waren sie gezwungen, woanders ihr Brot zu verdienen. So wurden leider talentvolle junge Deutsche, die ihre Kräfte besser in ihrem Vaterland eingesetzt hätten, durch die Ungunst der damaligen Zeit gezwungen, für fremde Staaten zu arbeiten. Hoffentlich haben wir daraus etwas gelernt.

Bei unserem Weg zur Wupper mußten wir immer an einer Baustelle vorbei, die dicht an der Wupper lag. Dort wurden kleine, zellenartige Gebilde gebaut. Auf Befragen der Mitgefangenen, was es mit diesen Zellen für eine Bewandnis habe, sagten diese, daß es Gefangenenzellen geben soll. Nur war es mir nie im klaren, wie das möglich sein könnte. Diese kleinen Zellen waren kaum halb so groß, wie eine normale Gefängniszelle für eine Person. Zudem waren sie in der Erde, nach meiner Schätzung mußte das Grundwasser der Wupper in die Zellen kommen. Das Wasser der Wupper stieg tagsüber und wenn es einen gewissen Hochstand erreicht hatte, wurden die Nadelwehre gezogen, damit es wieder fiel. Was später aus diesen Zellen wurde, weiß ich nicht.

Die letzten vier Wochen bekamen wir Betten, dreistöckig übereinander und Strohsäcke. Es hieß, Kemna würde aufgelöst und ein Arbeitsdienstlager solle daraus werden. Die Öffentlichkeit wurde immer mehr auf die Zustände im Lager aufmerksam. Im Oktober wurde ein größerer Transport ins Emsland-Moor geschickt. Man merkte, daß es langsam zu Ende ging. Die SA-Führung und Wachmannschaften waren sich uneinig geworden und es kam zu großen Zerwürfnissen. Einige Kameraden wurden entlassen, andere wurden den Gerichten übergeben und ihnen ein Hochverratsprozeß angehängt. Bei der sogenannten Weihnachtsamnestie wurden viele entlassen.

ENTLASSUNG DER ERSTEN 100 MANN

Im Oktober hieß es auf einmal, 100 Mann von den Duisburgern werden entlassen. Es kamen nur ältere und verheiratete in Frage. Alte und verheiratete vortreten, hieß es. Ich war damals schon neun Jahre verheiratet und trat mit vor. Der Teufel selbst hat wohl in diesem Augenblick seinen Bruder Weischet vor mich hintreten lassen. Er sah mich, und sein Gesicht verzog sich zu einem höhnischen Grinsen. „Was", sagte er „Du auch verheiratet? Du bist wohl verrückt, mach daß Du nach hinten kommst." Ich erlebte, daß viel jüngere, ledige Kameraden mit zur Entlassung kamen. Ich war sehr niedergeschlagen. Weischet sagte mir, daß er mir noch eine Fahrkarte ins Börger-Moor besorgen würde, dort würde mein Dickkopf sich schon beugen. Warum diese Bestie mich eigentlich so gehaßt hat, weiß ich nicht. Es ist mir unklar, und ich bin auch nie dahinter gekommen. Er hätte bestimmt auch selbst keine Antwort darauf geben können.

Die Kameraden mußten sich fertigmachen und im Saal antreten. Hilgers hielt eine Ansprache, die darin gipfelte: Wer auch nur das Geringste draußen erzählt, was er hier gesehen und erlebt hat, kommt wieder und niemals mehr hier heraus. Es folgten die üblichen Ermahnungen, lies Drohungen. Dann kam die Abschiedsstunde. Mein Kamerad Josef Diebach aus Weiler (ledig) wurde auch entlassen. Ich legte ihm ans Herz, meine Familie aufzusuchen und Bescheid zu sagen. Dies tat er auch.

*Wer, wie dieser aus Duisburg stammende Häftling, entlassen wurde,
mußte einen solchen „Verpflichtungsschein" unterschreiben.*

Entlassung des Restes von 80 Mann

Über das Schicksal des nun verbliebenen Restes von 80 Mann
waren wir uns nicht im klaren. Immer wieder hieß es, wir sollten ins Börgeoor verschickt werden. Da wurden wieder Fluchtpläne in uns wach. Weischet ging ich nun aus dem Wege wo
ich nur konnte. Ich vermied jede Gelegenheit, daß er mich
sah. Die anderen kümmerten sich nicht weiter um mich. So
kam auch langsam der Tag, an dem wir entlassen werden sollten. Ich hatte langsam eine solche Angst vor der Gemeinheit
des Weischet, daß ich mich mitten unter die Kameraden ver-
steckte, als wir uns aufstellen mußten. Alle mußten etwas unterschreiben, daß sie sich nicht mehr politisch betätigen sollten. Ich bin nicht hingegangen und habe auch nicht unterschrieben. Bei mir dachte ich: Wenn der Teufel dich sieht, bist
du noch lange nicht entlassen. Beim Abtransport mit Autos
habe ich mich wieder mitten unter die Kameraden versteckt.
Vielleicht war meine Angst auch etwas übertrieben, aber wer

Kemna erlebt hatte, war vorsichtig geworden, da es keine Gemeinheiten und Schurkereien gab, die von diesen Helden nicht ausgeheckt wurden. Wir waren uns ja auch überhaupt nicht im klaren, wer da zu befehlen hatte. Jeder gab Befehle und tat, was ihm gerade in den Sinn kam. So kamen wir nach Duisburg, um nach dem Polizei-Präsidium gebracht zu werden. Als unser Wagen an einer Ecke hielt, bin ich schnell vom Wagen herunter und zu meiner in der Nähe wohnenden Schwägerin. Sie holte mir sofort ein halbes Liter Bier und buk mir ein Kotelett. Nicht lange hatte ich es im Magen, als ich mich übergeben mußte. Der Magen konnte das nicht halten. Nachdem ich meine Angehörigen benachrichtigt hatte, musterte ich auf ein Schiff, das nach Holland fuhr. In Rotterdam suchte ich sofort antifaschistische Kameraden (Emigranten) und bekam die Nr. 86. Wir fuhren viel nach Holland. Bei Pit und Jan Reuter, Rotterdam, Zinkerweg, war immer Treffpunkt. Ganze Kisten mit Flugblättern und Schriften gegen Hitler nahmen wir mit nach Deutschland und haben sie an einzelne Stellen gebracht, von wo aus sie verteilt wurden. Es war ein gefährliches Beginnen und der Kopf stand dabei auf dem Spiel. Wir hatten uns aber im Lager geschworen, alles zu tun, und nicht eher zu rasten und zu ruhen, bis dieses Regime gestürzt sei. Aber alles kam anders und auch wir paar Widerstandskämpfer konnten das Rad der Geschichte nicht aufhalten.

Aufnahme des Prozesses gegen die Wachmann- schaften des KZ-Lagers Kemna im Jahre 1948

1934, als man nicht mehr umhin konnte, die Kemna-Affäre vor der Öffentlichkeit zu verhandeln, beauftragte man den Staatsanwalt Winckler von der Staatsanwaltschaft in Wuppertal mit den Ermittlungen und Zeugenvernehmungen. Einerseits bestanden starke Differenzen zwischen den Wachmannschaften, dessen Führern und anderen SA-Führern. Staatsanwalt Winckler stellte seine Ermittlungen an und sammelte gründlich Material. Doch noch bevor die Ermittlungen abgeschlossen werden konnten, wurde von München aus Einhalt geboten. Ein Scheinprozeß wurde vor dem obersten Parteigericht in München aufgeführt. Einige SA-Führer wurden durch eine einstweilige Verfügung des Stellvertreters Hitlers vom 18.8.1934 aus der Partei ausgestoßen. Die Betroffenen erhoben Einspruch. Die Zeugenaussagen wurden als unwahr und übertrieben hingestellt, und man stützte sich auf die Aussagen von Parteigenossen. Das Verfahren wurde ganz niedergeschlagen. Nun folgten die Anfeindungen und Drohungen gegen den mutigen Staatsanwalt, der es fertiggebracht hat, für Recht und Wahrheit einzustehen. Es folgten Mordandrohungen. Winckler wurde nach Kassel strafversetzt. So hat die Partei ihre Söldner gedeckt. Sie fühlten sich zu sicher. Aber die Nemesis hat sie doch ereilt. Als 1945-1946 langsam die ehemaligen Kemna-Insassen zurückkamen, wurde immer mehr der Ruf laut, die damaligen Quälgeister zur Rechenschaft zu ziehen. Ich selbst fuhr einige Male nach Wuppertal und erkundigte mich. Ich mußte zu meinem Leidwesen feststellen, daß diese noch frei herumliefen. Die VVN Wuppertal, die 1946 gegründet wurde, ruhte nicht eher, bis wirkliche Anstalten getroffen wurden, den Prozeß zu eröffnen. Es waren viele Schwierigkeiten zu überwinden. Die deutschen Behörden sagten immer, die Militärbehörden erlaubten den Prozeß nicht. Langsam aber sicher wurde die Behörde von der VVN weich gemacht und es kam schließlich doch soweit, daß der Prozeß stattfand. Staatsanwalt Winckler war z. Zt. in einer Wuppertaler Herdfabrik beschäftigt. Staatsanwalt Winckler gab nun volle Aufklärung, warum damals von Berlin aus der Prozeß abgewinkt wurde. Nun bestürmte die VVN sämtliche Behörden mit der Forderung, denselben Staatsanwalt mit dem Wiederaufnahmeverfahren zu betrauen. Staatsanwalt Winckler mußte noch von der Militärbehörde bestätigt sein und als auch dieses letzte Hindernis beseitigt war, konnte mit den Zeugenvernehmungen begonnen werden. Am 10.3.1947 wurde an den Justizminister Dr. Sträter folgende Eingabe gemacht.

An den Herrn Justizminister Dr. Sträter Düsseldorf.

Die VVN Wuppertal unterbreitet Ihnen folgende Angelegenheit. Die Vereinigung erstrebt seit ihrem Bestehen die Aufnahme des Prozesses in Sachen Kemna Wuppertal-Beyenburg, Synagogenbrandstiftung und von 30 bis 40 Mordfällen in Wuppertal. Bei den Untersuchungen wurde immer wieder der Name des Staatsanwaltes Winckler genannt. Dieser Beamte wurde 1933 von Seiten der NSDAP als politischer Staatsanwalt in Wuppertal eingesetzt. Er sollte die Gegner des Dritten Reiches unschädlich machen. Nach kurzer Zeit war er gezwungen durch seine Rechtsauffassung gegen seine Auftraggeber selbst vorzugehen. Er wurde nachts in ca. 30 Mordfällen geholt. In der Beck, Varresbeck, Clausen und Bevertalsperre. Er bearbeitete diese Mordfälle. Zahnarzt Dr. Mayer, Wuppertal-Barmen, Neuer Weg, Anstreicher Fritz Strunk, Wuppertal-Barmen, Clausenhof, Musiker Klein, Wuppertal-Barmen, Oswald Laufer, Wuppertal-Elberfeld, Norrenberg, Altenloh, Wuppertal-Barmen, Heckinghausen, um aus der Fülle des Materials einige Fälle herauszugreifen, die bis heute noch nicht gesühnt sind. Bei der Untersuchung dieser Mordfälle wurden die Beamten, die ihre Pflicht gewissenhaft erfüllten, inhaftiert im K. Z. Kemna. Zum Beispiel der Kriminalbeamte Johann

Staatsanwalt Gustav Winckler vom Landgericht Wuppertal als Ankläger im Kemna-Prozeß von 1948. Schon nach der Auflösung des Lagers 1934 hatte Winckler gegen die Wachmannschaft ermittelt. Das Verfahren war jedoch auf Weisung Hitlers 1936 eingestellt worden.

Pauli (Mordsache Zahnarzt Mayer) jetzt wohnhaft Wuppertal-Elberfeld, Elsässerstr. 29. Auch Staatsanwalt Winckler erfuhr von der Errichtung des K. Z. Kemna und von den dort begangenen fürchterlichen Mißhandlungen. Er stellte durch Vernehmungen die Übergriffe und Greueltaten, die im Lager begangen wurden, fest. Er hielt es für seine Pflicht den Reichsjustizminister zu informieren, z.B. Reichsanwalt Joel. Seine unablässigen Bemühungen um eine Sühnung der begangenen Verbrechen führten zu einem Verfahren vor dem obersten Parteigericht in München. Hauptangeklagter: damaliger Polizeipräsident von Wuppertal Willi Feller, K. Z.-Lager-Kommandant Alfred Hilgers, die Sturmbannführer Alfred Schuhmann, Hans Pfeifer, Paul Hufeisen, der Sturmführer Helmuth Hoter, der Truppführer Bruno Wolf usw. Der letztere, dessen Vater

Justizbeamter beim Amtsgericht in Wuppertal war, benutzte die Gelegenheit, um die vom Staatsanwalt Winkler verfaßten Eingaben, Vernehmungsprotokolle usw. abzuschreiben und seinen Mitangeklagten zur Kenntnis zu bringen. Das Parteigericht degradierte die Angeklagten durch eine Versetzung in eine niedrigere Rangstufe und Strafversetzung. Gegen Staatsanwalt Winckler wurde eine wüste Hetze entfacht. Anführer dieser Hetze war Rechtsanwalt Schroer, Wuppertal-E. Selbst vor Mordanschlägen schreckte man nicht zurück.

Der Reichsminister Dr. Gürtner gab dem Druck der Parteiinstanzen nach und versetzte Winkler nach Kassel unter Abnahme der Prozeßführung. Die Staatsanwaltschaft hat bis heute, 20 Monate nach dem Zusammenbruch, noch nicht den Versuch gemacht, das empfindlich gestörte Rechtsbewußtsein und dem Mißtrauen weiter Volkskreise gegen die Justiz durch Aufnahme dieses Prozesses zu beseitigen. Im Gegenteil der Oberstaatsanwalt in Wuppertal teilte uns unter dem 22.2.1947 A. Z. 8 Js 303/46 mit, daß er am 15.5.1946 die Akten der Militärregierung vorgelegt hat. Da die Akten noch nicht wieder eingegangen wären, sei eine Fortführung des Prozesses nicht möglich. Als Vertreter der VVN in Wuppertal haben wir bei Besprechungen mit den englischen Behörden nichts feststellen können, das die englischen Behörden die Durchführung des Prozesses hindern. Es mehren sich die Fälle, daß die schwer Mißhandelten aus dem KZ.-Lager Kemna beim offenkundigen Versagen der Polizei und der Justiz gegen freigelassene Naziverbrecher (Fall Korten vom Amtsgericht Wuppertal auf freien Fuß gesetzt) zur Selbsthilfe greifen. Die VVN Wuppertal ist nicht in der Lage, in dieser Hinsicht zur Ruhe und Besonnenheit anzuhalten. Sollte es zu bedauerlichen Exzessen kommen, so lehnen wir die Verantwortung ab. Immer stürmischer erhebt sich aus den Kreisen der VVN und der Bevölkerung die Forderung, Herrn Staatsanwalt Winckler, der heute als Hilfsarbeiter bei Hohmann, Vohwinkel ist, in den Justizdienst einzustellen und mit der Durchführung dieses Prozesses zu betrauen.

Wir bitten Sie, Herr Justizminister, die gesamte Angelegenheit zu prüfen und dem Verlangen unserer Mitglieder nach Durchführung des Prozesses Gehör zu schenken.

Der Justizminister schreibt am 2.5.1947 an die VVN Wuppertal, betr. Ermittlungsverfahren gegen Angehörige des Wachpersonals de KZ-Lagers Kemna unter Bezug auf seine Eingabe vom 10.3.1947.

In der oben bezeichneten Angelegenheit laufen z. Zt. verschiedene Ermittlungsverfahren gegen Angehörige des gesamten KZ-Lagers. Die Verzögerung des Abschlusses dieser Verfahren ist darauf zurückzuführen, daß die Verfolgung solcher Verbrechen gegen die Menschlichkeit durch die deutschen Behörden bis zu dem Erlaß der Rechtsabteilung der Kontrollkommission (BE) vom 10.9.1946 die auf Grund der Verordnung Nr. 47 der Mil-Regierung ergangen ist, nicht zulässig war und die Militär-Regierung die Durchführung dieser Verfahren erst mit dem Schreiben vom 19.2.1947 genehmigt hat. Eine weitere Schwierigkeit ist dadurch entstanden, daß die Unterlagen der Vorgänge an die Militär-Regierung in Verlust geraten sind. Es wurde z. Zt. versucht, diese Akten, soweit wie möglich, wieder herzustellen. Es ist vorauszusehen, daß das Material lückenhaft bleiben wird. In diesem Falle sind bis zur Erhebung der Anklage noch umfangreiche Ermittlungen erforderlich, da bisher der Aufenthalt und wahren Personalien von vielen Beschuldigten bekannt sind.

Die Durchführung von Verfahren wegen Verfolgung von Juden ist noch nicht möglich, da die Ermächtigung dazu noch nicht erteilt ist (Anordnung der Rechtsabteilung der Kontrollkommission [BE] vom 20.12.1946). Ich werde mir vom Generalstaatsanwalt in Düsseldorf weiterberichten lassen. Der Ministerial-Dirigent im sozialen Ministerium, Dr. Marcel Frenkel, wurde durch folgenden Brief über die Bemühungen der VVN Wuppertal informiert.

Sehr geehrter Herr Ministerial-Dirigent Dr. M. Frenkel!

Die VVN Wuppertal unterbreitet Ihnen folgende Angelegenheit. Die Vereinigung erstrebt seit ihrem Bestehen die Aufnahme der Prozesse in Sachen KZ.-Lager Wuppertal-Beyenburg (Kemna), Synagogenbrandstiftung und rund 30 Mordfälle in Wupertal. Bei ihren Untersuchungen wurde immer wieder der Staatsanwalt Winckler, vom Landgericht Wuppertal-E. genannt. Dieser Beamte wurde 1933 als politischer Staatsanwalt eingesetzt. Er sollte die Gegner des dritten Reiches unschädlich machen. Nach kurzer Zeit war er gezwungen, gegen seine Auftraggeber vorzugehen. Er vernahm eine große Anzahl Inhaftierter des KZ.-Lagers Kemna. Auch sprach er häufig in Berlin im Reichsjustizministerium vor und schilderte die begangenen Verbrechen (Reichsanwalt Joel). Er erzwang ein Verfahren gegen die Beschuldigten vom obersten Parteigericht in München. Seine mutige und aufrichtige Haltung blieb nicht ohne Folgen. Unter Führung des Schroer entstand eine Fronde. Staatsanwalt Winckler wurde bedroht. Vor Mordanschlägen mußte er auf Veranlassung des Reichsjustizministers Gürtner geschützt werden. Alles wurde gegen ihn mobil gemacht. Der Reichsjustizminister versetzte ihn nach Kassel. Die Prozeßführung mußte er niederlegen. Der Prozeß wurde bis heute noch nicht durchgeführt. Die VVN Wuppertal würde es begrüßen, wenn dieser aufrechte Mann trotz seiner nominellen Parteimitgliedschaft, wieder im Justizdienst Verwendung findet, ja mit der Durchführung des Kemna-Prozesses betraut wird. Dies ist eine Forderung, die in unseren stark besuchten Kundgebungen immer wieder erhoben wird. Zu Herrn Winckler haben die ehemaligen Kemna-Insassen das Vertrauen, daß er unbeirrt dem gestörten Rechtsempfinden weiter Kreise Genugtuung verschaffen würde. Aus diesem Grunde unterbreiten wir Ihnen diesen Fall und bitten um Ihre Unterstützung zwecks Wiedereinstellung des Herrn Winkler in den Justizdienst.

Hochachtungsvoll
gez. I.A. Erich Werner u. August Christmann

Von anderer Seite wurde an den Generalstaatsanwalt folgende Eingabe über den Fall Wuppertal gemacht.

Der Fall Wuppertal!
Als am 30. Januar 1933 mit viel Tam Tam die Machtergreifung auch in Wuppertal gefeiert wurde, hätte eigentlich die Bevölkerung schon nach einigen Tagen sehen müssen, wohin die Staatsgeschichte gelenkt wurde. Polizei-Präsident wurde Willi Feiler, zu seinem Stab gehörten Alfred Hilgers, Willi und Alfred Schuhmann und noch andere kleine Nazigrößen. Die Aufzählung dieser wenigen Namen hätte eigentlich schon genügen müssen um alle ehrlichen Menschen in Wuppertal aufhorchen zu lassen. Jeder kannte die Saufpartien und die Folgen dieser Orgien. Schießen auf harmlose Passanten, Zechprellereien usw. Und nur ein kleiner Bruchteil der vor der Machtübernahme begangenen Taten waren in die breitere Öffentlichkeit gekommen. Nach der Machtergreifung wurde das Verbrechen dieser Menschen legal. Jeder, der in berechtigter Sorge um das Wohl und Wehe der Stadt sich ein Urteil erlaubte, wurde in das KZ. -Kemna gebracht, und nicht lange dauerte es und jeder Mensch ob alt, ob jung, ob Mann, ob Frau gebrauchte den Ausdruck: „Wenn Du jetzt nicht ruhig bist, dann kommst Du in die Kemna!" Ebenso wußte jeder was in der Kemna passierte, denn die Wachmannschaften rühmten sich ja in ihren Freistunden, die meistens mit Saufen verbracht wurden, mit ihren Heldentaten. Namen wie

Neugranz, Wormstedt, Schuster, Schmidt, u.a. gehörten zu den Namen mit denen man kleine Kinder zur Ruhe mahnte. Gleichzeitig sorgte der SA-Sturm August Puppe mit dem Sturmführer an der Spitze für die nötigen Erschießungen. Die Polizei stellte in geheimen Ermittlungen eine ungefähre Zahl von 22 Morden fest. Die Oberleitung über alles hatte der Polizei-Präsident Feller und der Kreisleiter Rudi Feik. Wer es wagte gegen diese Verbrecherbande vorzugehen, landete im KZ.-Kemna. Warum eigentlich noch alles aufzählen. Wuppertal zählte doch zu den Hochburgen der NSDAP, da war es eigentlich selbstverständlich, daß auch an Verbrechen ein Mehr passierte als sonst überall vorkam.

Nun ist ja eigentlich die Zeit, in der diese Menschen, soweit sie zu fassen sind, ihrer mehr als gerechten Bestrafung zugeführt werden. Aber immer stößt man auf Schwierigkeiten. Die Polizei behauptet ja, die Zeugen sind sehr schlecht zu bekommen usw. Hierzu mal ein offenes Wort. Es hat keinen Zweck, und es ist auch tatsächlich zu schwierig, viele kleine Prozesse zu führen. Während der Nazizeit waren es einige wenige, die es wagten, gegen diese Verbrecher vorzugehen. Prozesse, wie Peter Stoll, Namen, wie der Staatsanwalt Winkler, sorgten zur Zeit schon für die Anlage von Akten, die heute als Grundlage für einen Prozeß dienen könnten. Wenn heute wirklich eine öffentliche Rechtsprechung erfolgen soll, dann müßte ein Prozeß geführt werden gegen die gesamte angeschuldigte Hoheitsführung der NSDAP, wie es schon in anderen Prozessen geschehen ist und dauernd geschieht, Ravensbrück, Aussig und andere KZ-Prozesse. Denn die Angelegenheit Kemna ist nur ein Teil der Verbrechen der Kreisleitung und leider nur ein Rahmen für die Greueltaten eines Sturmführers August Puppe. Herr Generalstaatsanwalt, vernehmen Sie den Staatsanwalt Winkler, Wuppertal-E., Sonnborn, Peter Stoll, Wuppertal-E., Königsstraße, und aus beiden Vernehmungen erhalten Sie ein Bild. Wenn beide Männer von Ihnen vernommen wor-

Das Wuppertaler Landgericht, vor dem sich 1948 die Angehörigen der Kemna-Wachmannschaft verantworten mußten.

den sind, werden Sie einen Prozeß steigen lassen müssen, der als Aktenbeschriftung die Worte hat:

„DER FALL WUPPERTAL!"

Durch unablässige Hinweise und Forderungen an die Behörden und durch Aufklärung der Bevölkerung in öffentlichen Kundgebungen, hatte schließlich die Wiederaufnahme der Kemna-Angelegenheit Erfolg. Neue umfangreiche Ermittlungen wurden angestellt. In monatelanger Vorarbeit wurden Hunderte von Zeugen protokollarisch vernommen. Am 1. März wurde von Hugo Jung, Solingen, der in der Kemna als Häftling eingesessen war und Sanitätsdienste geleistet hat, der dadurch einen sehr intensiven Einblick in alle Vorkommnisse erhalten hatte und der bei dem folgenden Prozeß als Hauptzeuge auftrat, folgender Strafparagraph formuliert: 28.2.1947/1.3.1947

Erster Strafantrag wegen der Verbrechen im KZ-Wuppertal-Beyenburg, Kemna, gestellt von: Hugo Jung, Geschäftsführer, Solingen, Wernerstraße 80. Die Staatsanwaltschaft beim Landgericht Wuppertal eröffnete bereits die Voruntersuchung gegen die Beschuldigten:

1. Standartenführer Willi Feller (verstorben)
2. Obersturmbannführer Alfred Hilgers, Wuppertal
3. Sturmbannführer Alfred Schumann, Wuppertal
4. Sturmbannführer Hans Pfeiffer, Wuppertal
5. Sturmbannführer Paul Hufeisen, Wuppertal
6. Sturmführer Helmut Hoter, Wuppertal
7. Truppführer Bruno Bolf, Wuppertal
8. Truppführer Schmidt
9. Truppführer Maikranz
10. Truppführer Bläsing
11. Obertruppführer Warnstedt
12. Scharführer Weichet
13. Scharführer Stark
14. Scharführer Hintz
15. Scharführer Könitzer
16. Scharführer Hoffinger
17. SS-Mann Max Förster
18. SS-Mann Feußner
19. Scharführer Feustner
20. SA-Mann Willi Weber, Solingen-Gräfrath
21. SA-Sturmführer Albert Marten

(Die derzeitigen Anschriften dieser Leute sind der VVN Solingen nicht bekannt, kennt VVN Wuppertal die genauen Anschriften? Angaben erbeten!)

Die Voruntersuchung lag damals in der Hand von Staatsanwaltschaftsrat Winckler, Landgericht Wuppertal.

Das umfangreiche Aktenmaterial über die auf Anweisung der Parteikanzlei z. Zt. eingestellten Voruntersuchungen soll nach Angaben von Hugo Jung von einer fremden Militärmission beim Landgericht Wuppertal beschlagnahmt und weggeführt worden sein. Der Staatsanwaltschaft steht daraus kein Material mehr zur Verfügung. Ist inzwischen ein neuer Antrag gegen die Beschuldigten auf Strafverfolgung vor dem Schwurgericht gestellt? Von wem und wann? Was hat die Staatsanwaltschaft Wuppertal darauf zu geantwortet?

Die Verjährung ruht nach § 69 St.G.B., Strafverfolgung nicht gehemmt.

Die oben genannten Personen werden beschuldigt, einzeln und gemeinsam folgende strafbare Handlungen begangen zu haben.

DELIKTE:

1. In Wohnungen und befriedetes Besitztum ihrer politischen Gegner widerrechtlich eingedrungen zu sein und deren Angehörige mit Waffen bedroht, eingeschüchtert und tätlich beleidigt zu haben,
   (Verbrechen wider die öffentliche Ordnung § 164-165 StGB).

2. Ihre politischen Gegner wider besseres Wissen der Begehung strafbarer Handlungen beschuldigt zu haben,
   (Falsche Anschuldigung § 164 St.G.B.).

3. Politische Gegner vorsätzlich getötet zu haben,
   (Verbrechen wider das Leben § 211 St.G.B.).

4. An politischen Gegnern vorsätzlich Mißhandlungen verübt zu haben.
   (Verbrechen vorsätzlicher Körperverletzung § 223-27 St.G.B.).

5. Politische Gegner vorsätzlich und widerrechtlich eingesperrt zu haben.
   (Verbrechen gegen die persönliche Freiheit § 234 St.G.B.).

6. Sich am Eigentum politischer Gegner bereichert zu haben,
   (Diebstahl, Unterschlagung, §§ 242-246 St.G.B.).

7. Mittels Drohung und Gewaltanwendung sich das Eigentum ihrer politischen Gegner bemächtigt zu haben, (Raub und Erpressung §§ 249 bis 258 St.G.B.).

8. Ihre Gesinnungsgenossen zur Ausbeutung ihrer politischen Gegner aufgefordert und Anteil an der Beute genommen, die Täter aber vor Bestrafung geschützt zu haben. (Begünstigung und Hehlerei §§ 257 St.G.B.),

9. Ihre politischen Gegner vorsätzlich geschädigt zu haben, (Sachbeschädigung § 303 St.G.B.).

10. Außerdem Kontrollratsgesetz: Verbrechen gegen die Menschlichkeit.

a) Einzelne Straftaten (oder die Vielzahl von solchen) also: Handlungen, Manipulationen, Tätlichkeiten, deren der eine oder der andere der Beschuldigten verdächtig ist, sind möglichst klar darzustellen und der Zeuge zu benennen (Vollständige Anschrift);

b) Anschriften der Beschuldigten feststellen (Beschuldigtenliste),

c) Anschriften der Zeugen feststellen (Zeugenliste);

d) Verhaftungen vorläufige Festnahmen der Beschuldigten nach § 112 R. St. P.O.

Der Kommunist Willy Spicher, einer der Häftlinge, als Zeuge im Kemna-Prozeß von 1948 vor dem Wuppertaler Landgericht.

DER KEMNA-PROZESS BEGINNT

Verschiedene Prozesse gegen ehemalige Nazis gingen dem Kemna-Prozeß voraus. Eugen Pedrotti wurde am 6. Dezember 1947 zu 12 Jahren Zuchthaus verurteilt. Noch weitere Prozesse folgten und teils größere, teils kleinere Freiheitsstrafen wurden verhängt. Der Kemna-Prozeß begann unter dem Vorsitz des Landgerichtsdirektors Heineberg. Staatsanwalt Winckler und Staatsanwalt Heinzel vertraten die Anklage. Auf der Anklagebank sitzen 26 ehemalige SA- und Wachleute, zwei fehlen, da ihr Aufenthalt nicht ermittelt werden konnte. Es war der größte Prozeß, der je vor dem Landgericht in Wuppertal stattgefunden hatte. 189 Fälle schwerster Mißhandlungen stehen zur Debatte. Die Anklageschrift umfaßt 158 Seiten. 700 bis 800 Personen sind in Vernehmungen verhört worden. Es war überhaupt der erste Prozeß gegen die Wachmannschaften eines KZ.-Lagers, der vor deutschen Gerichten verhandelt wurde. Zum erstenmale war deutschen Richtern die Gelegenheit gegeben, Menschen abzuurteilen, die sich nicht nur an Deutschen sondern an der ganzen Menschheit vergangen haben, die den Namen des deutschen Volkes unsagbar schändeten. Die demokratischen Tageszeitungen brachten im Verlauf des Prozesses laufend Berichterstattungen. Auch der Rundfunk brachte Kommentare darüber. Am 29.2.1948 begann der Prozeß und am 15.5.1948 wurde das Urteil verkündet. Über 4000 Menschen aus politischen und religiösen Lagern, rassisch Verfolgte gingen durch dieses Lager. Bekannte Männer befanden sich unter den Zeugen. Arbeitsminister Bökenkrüger von Rheinland/Pfalz und andere. Landgerichtsdirektor Dr. Heineberg betonte in seinen Ausführungen, daß es sich um das dunkelste Kapitel in der Geschichte der Stadt Wuppertal handeln würde. Die Greuel des dunkelsten Mittelalters sind hier neu auferstanden. Die Barbarei war Trumpf. Damals hatten diese Henker volle Prokura und wurden durch ihre Führer geschützt. Heute stehen sie als Angeklagte vor ihren Richtern und die einstigen Opfer, soweit sie noch leben, geben ein lebendiges Zeugnis ab. Rein objektiv war die Prozeßführung und gegen jeden der Angeklagten wurde streng nach dem Gesetz verhandelt. Wir sind damals ungehört ohne jede Verteidigungsmöglichkeit einer grausamen Willkür zum Opfer gefallen. Der himmelweite Unterschied zwischen damals und heute geht schon daraus klar hervor, daß heute nach strengen Rechtsgrundsätzen gehandelt wird. Die von Staatsanwalt Winkler im Jahre 1934 glücklicherweise sichergestellten Akten und das in mühevoller Arbeit zusammengetragene Material ergab eine Anklageschrift von 151 Seiten. Im Einzelnen lautet die Anklage gegen folgende Personen:

1. Schmidt, Paul, Schuhmacher aus Wuppertal-B., Reichstr. 31, geb. 28.6.1901 in Bochum, verheiratet, ev.
2. Hilgers, Alfred, kfm. Angestellter aus Düsseldorf, Mintropstr. 11, geb. 25.4.1905 in Elberfeld, verheiratet, gottgl.

3. Altwinkler, Erich, Tischler aus Wuppertal-E.,
   Höchsten 58, geb. 5.3.1905, Elberfeld, verheiratet
4. Bläsing, Wilhelm, Bandwirker aus Wuppertal-B.,
   Westkotterstr. 13, geb. 26.3.1897 in Barmen,
   verheiratet.
5. Maikranz, Ernst, Schlosser aus Bentheim,
   Ochtropstr. 12, geb. 17.11.1905, verheiratet, gottgl.
6. Cappel, Ernst, Pol. Beamter aus Koppelheck-Flensburg-
   Land, geb. 11.11.1910 in Barmen, geschieden.
7. Weischet, Heinrich, Anstreicher aus Wuppertal-B.,
   Beckmannshof, geb. 14.12.1884 in Vogelsmühl bei
   Radevormwald, verheiratet.
8. Gräfe, Friedrich, Maurer aus Wuppertal-B.,
   Sonnenstr. 71, geb. 25.3.1889 in Hagen/Westfalen,
   verheiratet, ev.
9. Hintz, Wilhelm, Bauhilfsarbeiter aus Wuppertal,
   Metzmachersrath 3, geb. 18.6.1890 in Blanken/Ostpr.,
   verheiratet, ev.
10. Hoffinger, Willi, Maurer aus Wuppertal-B.,
    Schönebeckerplatz, geb. 19.4.1910 in Wuppertal,
    verheiratet, ev.
11. Hülshoff, Harry, Kraftfahrer aus Wuppertal-E.,
    Westfalenweg, geb. 30.8.1913 in Saarbrücken,
    verheiratet, ev.
12. Kleinbeck, Hans, Masch.-Schlosser aus Barmen,
    Schraberg 40, geb. 18.9.1909 in Wuppertal,
    verheiratet, ev.
13. Kleinbeck, Kurt, Zechenarbeiter aus Rumeln bei Mörs,
    geb. 6.1.1911 in Barmen, verheiratet, ev.
14. Liebergall, Karl, Eisenbahn-Betriebsarbeiter aus
    Düsseldorf, Wangeroogstr. 26, geb. 3.3.1910 in Barmen,
    verheiratet, ev.
15. Ockel, Willi, Arbeiter aus Wuppertal-B.,
    Konradshöhe 10, geb. 25.4.1908 in Wuppertal,
    verheiratet.

16. Schmit, Mathias, Schmelzer aus Düsseldorf-Rath, Eckerstr. 27, geb. 23.8.1893 in Orenhofen, Kreis Trier, verheiratet.

17. Tracht, Ernst, Kraftfahrer aus Wuppertal-B., Langerfelderstr. 25, geb. 14.11.1908 in Barmen, verheiratet, ev.

18. Weber, Wilhelm, Schleifer aus Solingen, Landwehrberg 74, geb. 8.11.1906 in Solingen, verheiratet, gottgl.

19. Wolff, Bruno, ehemaliger Vizekonsul aus Elberfeld, Hindenburgstr. geb. 13.6.1910 in Barmen, verheiratet.

20. Behrend, Ernst, Bandwirker aus Wuppertal-B., Wittenerstr. 42, geb. 24.3.1909 in Barmen, verw., gottgl.

21. Eckermann, Paul, Koch aus Wuppertal-Vohwinkel, Gräfratherstr. 43, geb. 13.10.1893 in Velbert, verheiratet, kath.

22. Engemann, Emil, Invalide aus Wuppertal-Langerfeld, Schwelmerstr., geb. 1.7.1876 in Barmen, verheiratet, ev.

23. Göbel, Hans, Schneider aus Langenberg/Rhld., Vogterierstr. 6, geb. 16.4.1908 in Elberfeld, verheiratet, ev.

24. Heibel, Martin, Schuhmacher aus Wuppertal-B., Hirschstr. 43, geb. 20.3.1898 in Helferskirchen, verheiratet, ev.

25. Hedtmann, Erwin, Musterzeichner aus Wuppertal-Langerfeld, Weddingstr. 29, geb. 19.7.1905 in Langerfeld, verheiratet.

26. Hoviele, Karl, Eisenbahnschlosser aus Elberfeld, Gr. Bandstr. 9, geb. 22.11.1911 in Elberfeld, verheiratet.

27. Könisser, Franz, Arbeiter aus Rickelrath bei Wegberg, geb. 12.1.1897 in Amern, St. Anton, verheiratet, kath.

28. Römer, Willi, Arbeiter aus Düsseldorf, Kronenstr. 10, geb. 17.5.1912 in Werdohl, verheiratet.

29. Danowski, Karl aus Ritschenhausen/Thür.,
    geb. 30.6.1905 in Elberfeld, verheiratet.
30. Wormstall, Werner, Elektriker aus Wuppertal-B.,
    Gartensiedlung Lichtenplatz, Am Waldhaus,
    geb. 5.9.1910 in Elberfeld, verh.

werden angeklagt

zu b) Wuppertal-Barmen in der Zeit von Juli 1933 bis
Januar 1934:

I. alle Beschuldigten durch fortgesetzte und zum Teil gemeinschaftliche Handlungen als Beamte in Ausübung oder in Veranlassung der Ausübung ihres Amtes, vorsätzlich Körperverletzung begangen oder begehen lassen zu haben, wobei die Körperverletzungen teilweise mittels Waffen und anderen gefährlichen Werkzeugen von Mehreren gemeinschaftlich und mittels das Leben gefährdender Behandlung begangen worden sind.

II. Die Beschuldigten Paul Schmidt, Bläsing, Maikranz, Weischet, Hintze, Hoffinger, Weber und Matthias Schmitt, die die Körperverletzung des Karl Erlemann verursacht haben.

III. Der Beschuldigte Bläsing durch eine weitere selbständige Handlung am 26. April 1933 vorsätzlich einen Menschen, nämlich das Kind Göbel getötet zu haben, wobei die Tötung mit Überlegung ausgeführt ist, und zwar aus niedrigen Beweggründen.

IV. Paul Schmidt durch eine weitere selbständige Handlung den Beschuldigten Bläsing zu dem von diesem begangenen Mord durch Überredung oder durch andere Mittel vorsätzlich bestimmt zu haben.

V. Alle Beschuldigten durch dieselben Handlungen, Gewalttaten, Folterungen und andere unmenschliche Handlungen an der Zivilbevölkerung begangen zu haben.

Das Lager wurde vom preußischen Minister des Inneren als Durchgangslager zur Unterbringung von politischen Gefangenen hergerichtet. Die im Moor befindlichen Läger waren zum Teil noch im Bau und Kemna war nur eine vorübergehende Einrichtung. Darum wurden auch im Januar 1934 die letzten Gefangenen entlassen bzw. ins Moor verschleppt.

Der erste Kommandant war ein gewisser Neuhof. Dieser wurde aber nach ganz kurzer Zeit durch Hilgers ersetzt. Hilgers wurde im Dezember 1933 abgesetzt und durch den späteren ermordeten Wolters abgelöst. Auf Anordnung des Innenministers sollte die Bewachung aus SS-Leuten bestehen, wurde aber entgegen der Anordnung aus SA-Leuten rekrutiert. Es war ein fester Stamm von 40 Mann. Auch wurden öfters andere SA-Leute zur Hilfe herangeholt, da das Lager überfüllt war. Die Aussagen der Zeugen gehen dahin, daß sie meistens mit Gummiknüppel, Ochsenziemer, Reitpeitsche, Kabelenden, Stöcken, Koppelriemen und anderen Schlagwerkzeugen mißhandelt wurden. Mit Petroleum getränkte Lumpen wurden dabei in den Mund des Opfers gesteckt um sie am Schreien zu hindern. Wenn die Wache mit mehreren über den Gefangenen hierfiel und er solange geschlagen wurde, bis er bewußtlos war, wurde er mit Wasser übergossen, bis er wieder zu sich kam. Die dabei manchmal sehr schweren Wunden bedurften manchesmal langer Krankenhausbehandlung. Die im Lager verbliebenen Gefangenen wurden oft auf Anordnung Hilgers überhaupt nicht behandelt. Vielen wurden die Nieren zerschlagen und hauptsächlich schlugen sie gerne auf die Geschlechtsteile. Gewöhnlich wurden die aus vielen Wunden blutenden Opfer unter die Treppe in einen kleinen Verschlag gesperrt, wo sie oft mehrere Tage bleiben mußten. Da war eine Behandlung unmöglich. Dabei bekamen sie auch keine Verpflegung. Meist gab man ihnen das bekannte Heringsfrühstück noch vorher zum Essen. Dasselbe bestand aus ungereinigten, direkt aus dem Faß entnommenen Salzheringen, die noch mit

Salz bestreut, mit Petroleum übergossen und oft mit Kot beschmiert waren (Feller hatte zum Hohn im Lager ein Schild anbringen lassen: „Es ist verboten, den Gefangenen Petroleum zu trinken zu geben!") Wenn die Gefangenen sich erbrachen, mußten sie es wieder aufessen. Zum Trinken gab es nichts und viele sind vor Durst irrsinnig geworden. Einige haben in der Verzweiflung ihren eigenen Urin getrunken. In einem Falle hat man einem Gefangenen Petroleum zu trinken gegeben. (Die Kameraden halfen wohl so gut sie konnten, aber das war alles mit großer Gefahr verbunden.) Brennende Zigaretten wurden einigen Zeugen an Mund und Nase ausgedrückt und einige wurden gezwungen, brennende Zigaretten aufzuessen. Sämtliche Zeugenaussagen gehen dahin, daß ihnen das bei ihrer Einlieferung abgenommene Handgeld und Wertsachen bei der Entlassung nicht zurückgegeben wurden. (Ich bekam auch nichts zurück).

Über zwei Monate hat der Prozeß gedauert und es ist in dieser Zeit eine gewaltige Arbeit von der Staatsanwaltschaft geleistet worden. Leicht war die Aufgabe nicht für die Richter, denn einem normalen Menschen kommt das Gefühl des Ekels und die Richter sind ja auch nur Menschen. Viele haben es gewußt, wie es in der Kemna zuging, aber sie haben alle geschwiegen. Warum schwiegen die Ärzte und Geistlichen, die davon wußten? Sie waren verpflichtet zu sprechen. Man bedenke, es war 1933 am Anfang. Durch ihre Feigheit wurden sie Mitwisser dieser Verbrechen. Sie mögen es mit ihrem Gewissen vereinbaren, wenn sie es können. Etwas Wunderbares war der heroische Opfermut der Gefangenen unter sich, wie sie sich gegenseitig halfen. Da gab es keine Klassen- noch Standesunterschiede, da gab es nur Kameradschaft. Man glaube nur nicht, daß die Nazis jetzt beschämt sich ihrem Schicksal ergeben hätten. Die Richter hatten viele Anfeindungen zu erdulden von Freundesseite der Angeklagten. Ganz besonders der Staatsanwalt hat sich den Haß dieser Verbrecher zugezogen. Aber dieser aufrechte Mann hat sich nicht beirren lassen, auch nicht, nachdem man ihm die Fenster eingeworfen und tätlich angegriffen hatte.

Eine Wuppertaler Zeitung schreibt unter anderem: „Der Staatsanwalt erhält Drohbriefe!"

Immer neue Greuel im Kemna-Prozeß „Kampfgemeinschaft Rache meldet sich!"

Zum Beginn des 7. Verhandlungstages macht Staatsanwalt Winkler auf einen an ihn gerichteten Drohbrief aufmerksam. In diesem heißt es: „Sie sind nie ein wahrer Deutscher gewesen, sonst würden Sie sich nicht an einem solchen Prozeß beteiligen!" Hunderttausende Deutsche stehen hinter den Angeklagten. Die Nacht der langen Messer kommt noch. Der Vorsitzende Dr. Heineberg erklärte, daß solche Drohungen die Richter nicht abschrecken könnten, die volle Wahrheit zu ermitteln und ein gerechtes Urteil zu fällen.

Die Aussagen des Zeugen Ising enthüllten Scheußlichkeiten, die alles bisher Gewesene überboten. Nachdem man Ising schon 1933 im SA-Heim Hahnenberg zusammengeschlagen hatte, wurde er in der Kemna ein paar Tage lang immer wieder bis zur Bewußtlosigkeit mißhandelt. Zwischendurch übergoß man ihn mehrere Male mit Wasser. Die Zahl der Eimer mußte er dann laut vorzählen. Bei einer solchen Mißhandlung wurden ihm die Beine auseinandergerissen und der Geschlechtsteil vollkommen zerschlagen. Statt Wasser wurde ihm Petroleum gegeben, zur Stillung seines Hungers mußte er das Ausgebrochene wieder zu sich nehmen. Wenn er sich sträubte, stopften SA-Leute mit Gummiknüppel nach. Doch alle diese Folterungen vermochten nicht, dem Häftling ein Geständnis abzuringen. Da drohte man ihm, seine Frau und Kind als Geisel festzunehmen. Vergeblich hatte er versucht, sich die

Pulsader aufzuschneiden. Ein anderer Zeuge sagte über den Fall Ising aus, daß dieser soviel Schläge bekommen hätte, daß nach menschlichem Ermessen ein Pferd daran krepiert wäre. Ebenso wurde ein weiterer Croneberger Zeuge mißhandelt. Trotz dieser unter Eid ausgesagten Anschuldigung verlegen sich die Angeklagten aufs Leugnen. Nur in wenigen Fällen geben sie unter Druck des Beweismaterials einige wenige Anschuldigungen zu.

Ein anderer Artikel lautet:
Sie beschuldigen sich jetzt gegenseitig. Dem Gedächtnis der Angeklagten wurde nachgeholfen. Um dem Gedächtnis der Angeklagten, das bei allen sehr kurz ist, nachzuhelfen, hielt ihnen Staatsanwalt Winkler im Kemna-Prozeß ihre Aussagen von 1946 bzw. 1947 vor. Es war den Angeklagten, die heute bemüht sind, sich gegenseitig nicht wehe zu tun, äußerst peinlich zu hören, wie sie sich damals gegenseitig schwer belasteten. Schmidt bezeichnete damals Maikranz, Hoffinger, Bläsing, Weber und Grafe als schwere Schläger. Engemann benannte in seiner Aussage vom 7.6.1946 Bläsing als Spitzenreiter der Schlägereien. Weiter sagte er, Weischet und Schmidt waren berüchtigte Sadisten. Vom letzteren gab er an, daß er gesehen habe, wie Schmidt einmal einen in einen kleinen Spind gezwängten Häftling einen präparierten Hering zu essen zwang. Da Schmidt eine führende Rolle im Lager spielte, habe er nicht gewagt, sich dagegen aufzulehnen. Der Angeklagte Ockel bezeichnete ebenfalls bei früheren Vernehmungen einige Mitangeklagte als Schweine. Da sie diese Aussagen unterschrieben hatten, blieb den Genannten nichts anderes übrig, als sie erneut zu bestätigen. Kennzeichnend für die Mentalität der Angeklagten ist die Tatsache, daß sie sämtlichen Häftlingen bei der Einlieferung Uhren und sonstiges persönliches Eigentum abnahmen und sich aneigneten. Von einem ehemaligen Häftling wurde sogar eine Bescheinigung erschwindelt, daß er bald entlassen würde und dazu einen Mantel, Anzug, Hut und

Schuhe benötige. Diese Sachen wurden bei der Familie abgeholt und ebenfalls unterschlagen. Ein weiterer Artikel lautet: Einigen Gefangenen wurde die Galle zerschlagen. Unvorstellbare Torturen in der Kemna – die Angeklagten leugnen. Ein umfassendes Bild von den furchtbaren Zuständen im KZ Kemna gaben bei der Beweisaufnahme die Aussagen der Zeugen, die sich in allen Einzelheiten mit den Feststellungen der Anklageschrift decken. Es stimmt, daß die Häftlinge bis zum Zusammenbrechen mißhandelt wurden, daß einigen die Galle zerschlagen wurde, daß man sie in das eiskalte Wasser der Wupper trieb, mit Nagellatten schlug, ihnen ekelerregende Speisen einzwang, sie in enge Verschläge sperrte und was alles an Torturen ersonnen wurde, um sie zu quälen. Einer der Zeugen, Arbeitsminister Bökenkrüger, der von Mai bis November 1933 in der Kemna gewesen ist, gab an, daß die Mißhandlungen auch in Gegenwart des Lagerkommandanten Hilgers erfolgt waren, der manchmal selbst geschlagen hatte. Der Zeuge Oskar Hoffmann, früherer Redakteur der „Freien Presse" wurde einen ganzen Tag in einen Aufzug gesperrt, in dem er nur in gebückter Stellung stehen konnte. Man drohte ihm seine Erschießung für den nächsten Tag an und fragte, ob er geistlichen Beistand wünsche. Diese Quälereien wurden angewandt um Geständnisse zu erpressen. Ein anderer Zeuge sagte aus, daß in den vier Monaten seiner Haft 20 bis 25 Selbstmordversuche vorgekommen seien. Die Geschlagenen seien nur noch Fleischklumpen gewesen. Heute ist Singstunde, pflegten die Wachleute zu sagen, wenn die nächtlichen Mißhandlungen bevorstanden. Ein Häftling bekam zur Strafe acht Tage lang kein Essen, wurde aber bei jeder Gelegenheit und bei jeder Mahlzeit an den anderen Häftlingen vorbeigeführt, damit sich sein eigenes Hungergefühl noch verstärkte. Ein anderer wurde nach unmenschlichen Quälereien gezwungen, seinen eigenen Kot zu essen. Ein Mann mit einem durch Mißhandlungen erlittenen Schädelbruch wurde mit Zigaretten, die man an die Wunden hielt, wieder aufgeweckt.

Allen diesen unter Eid bekundeten Aussagen gegenüber, die keinen Zweifel offen lassen, daß sie vorgekommen sind, verlegen sich die Angeklagten aufs Leugnen.

Ein anderer Artikel:
Der Häftling sprang aus dem Fenster. Die Zeit der Kemna ist kannibalisch gewesen, erklärte der Zeuge. Zu Beginn der Montagsverhandlung im Kemna-Prozeß machte der erste Zeuge, Polizei-Inspektor Niermann, darauf aufmerksam, daß man ihm seine heutige Erschütterung nicht als Schwäche auslegen sollte. Die Zeit in der Kemna sei so kannibalisch gewesen, daß ihm unwillkürlich die Tränen kämen, wenn er daran denke. Da er Feller vor dessen Ernennung zum Polizei-Präsidenten verhaften ließ, weil dieser in betrunkenem Zustand in die Menschenmenge schoß, wurde Niermann in die Kemna eingesperrt. Der ehemalige Leiter des Reichsbanners Schwarz-Rot-Gold, jetzt als Betriebsleiter des „Rhein-Echo" Petersdorf, wurde als sogenannter „Bonze" besonders vorgenommen. Man gab ihm sechs Tage nichts zu essen. Der damalige Verwalter der Konsumgenossenschaft „Befreiung" wurde in die Kemna eingeliefert, weil er sich geweigert hatte, noch weiter Brot ohne Bezahlung an das Lager auszuhändigen. Die Wachmannschaften verübten auf den Nachfolger von Hilgers, Sturmführer Wolters, dreimal einen Mordanschlag, da dieser Mißhandlungen verbot und die SA-Leute zu ordnungsmäßigem Dienst zwang. Der Häftling Eugen Reis sprang aus dem Fenster. Der Hauptangeklagte Schmidt widerrief seine in vorhergehenden Verhandlungen gemachten Aussagen und gab Mißhandlungen und Heringsfütterungen zu. Sein bisheriges Leugnen entschuldigte er damit, daß die Zeugenaussagen nicht ganz den Tatsachen entsprächen. Am 4. Mai schreibt das „Rhein-Echo":
„Grauenvollstes Mittelalter beschworen!"

Die Hölle von Kemna im Plädoyer des Staatsanwaltes. Ein Brief mit massiven Drohungen.

Nach Abschluß der Beweisaufnahme im Kemna-Prozeß faßte die Anklagevertretung am Dienstagvormittag das riesenhafte Belastungsmaterial als Unterlage zu der im einzelnen begründeten Anklage gegen die 25 ehemaligen SA-Wachmannschaften des Lagers zusammen. In seinem Plädoyer gab Staatsanwalt Winkler in dem allgemeinen Teil eine Gesamtschilderung der ungeheuerlichen Vorgänge, die, wie er feststellte, die Bilder des grauenvollsten Mittelalters der Inquisition der Hexenprozesse wieder heraufbeschworen haben. Wenn man die Kemna die Hölle genannt habe, so stimme diese Bezeichnung. Es sei eine Räuber- und Mörderhöhle gewesen. Wenn das Gericht bei 4000 bis 4500 Häftlingen, die durch die Kemna gegangen seien, lediglich 226 Fälle von Mißhandlungen einwandfrei durch die Zeugenaussagen habe feststellen können, so dürfte man sich ausmalen, was herausgekommen wäre, wenn alle die Gemarterten hier hätten vernommen werden können. Mitempfinden mit den Opfern kann eigentlich nur der haben, der es selbst miterlebt hat. Das zweite Gefühl sei ein abgrundtiefer Ekel vor den Taten der Angeklagten, und das dritte Gefühl tiefer Schmerz und brennende Scham über die Tatsache, daß im Zeichen des Nationalsozialismus diese Untaten von Deutschen gegen Deutsche, von Arbeitern gegen Arbeiter hätten verübt werden können. Nach dieser eingehenden Darlegung der Vorgeschichte des Prozesses und einer Schilderung der Vorgänge, die im Jahre 1934 die erste Aufrollung der Zustände in der Kemna durch ein Machtwort Hitlers im Sande verlaufen ließen, teilte Staatsanwalt Winkler mit, daß ihm wiederum ein Drohbrief zugegangen sei, dessen Inhalt darauf schließen lasse, daß noch immer enge Zusammenhänge der Angeklagten mit ihren Nazi-Helfershelfern außerhalb des Gerichtsgefängnisses in Wuppertal bestehen. In dem Schreiben heißt es u.a., wenn Sie einen Kopf der Angeklagten fordern sollten, dann fordern Sie damit ihren eigenen Kopf. Was Sie den Angeklagten heute zahlen, bekommen Sie mit derselben Schärfe zurückgezahlt.

Das Mahnmal KZ Kemna gegenüber dem früheren Konzentrationslager Kemna. Es wurde im Juli 1983 anläßlich des 50. Jahrestages der Errichtung des KZ Kemna feierlich der Öffentlichkeit übergeben. Die Gedenkstätte, nach einem Jugendwettbewerb von Schülern des Gymnasiums Am Kothen geschaffen, ist durch Spenden finanziert und von Jugendleitern des Jugendrings Wuppertal in 30 Tagen durch Selbsthilfeeinsatz erbaut worden.

Dann geht der Staatsanwalt auf die Einzelheiten ein, die die Zeugenvernehmungen ergeben hatten. Alle die grausigen Vorkommnisse reiht er mosaikartig zu einem erschütternden Bild, zu einem Gemälde eines Infernos zusammen, wie man es sich furchtbarer nicht vorstellen kann. Alle Folterstationen, die mit sadistischer Niedertracht ersonnen wurden, bekamen in der Darstellung wieder eine plastische Form, unter deren eindrucksvoller Schilderung der Zuhörer bis ins tiefste Mark ergriffen war. Er nennt die sanitären Verhältnisse im Lager jeder Beschreibung spottend, die, wie er sich ausdrückte, wahrlich kein Ruhmesblatt für die Wuppertaler Ärzteschaft gewesen seien. Er malt dann die sogenannten Vernehmungen aus, die Prügelbank, den Bunker, die Hundehütte und schildert die

Materien unter dem Treppenverschlag. Er nennt die seelischen Martern mit den Erschießungszeremonien, die schweinigen Frühstücksbrote und die Tortur bei den Bädern in der Wupper. 25 bis 30 Selbstmordversuche seien vorgekommen. Zwei Häftlinge seien einwandfrei an den Folgen der Mißhandlungen gestorben, also ermordet worden.
Wuppertal, den 7. Mai 1948

Als Sühne für die im Lager Kemna begangenen Unmenschlichkeiten forderte der Staatsanwalt fünf Todesurteile. Für Paul Schmidt mit 90 zur Last gelegten Fällen. Wilhelm Bläsing mit 75 Fällen, Ernst Maikranz mit 75 Fällen, Heinrich Weischet mit 91 Fällen und Alfred Hilgers, dem außer der aktiven Beteiligung in 31 Fällen als Kommandant die Gesamtverantwortung für die grausamen Vorgänge in der Kemna zufällt.

Der stellvertretende Kommandant E. Altwicker, der außerdem in 20 Fällen belastet ist, sowie Wilhelm Hoffinger mit 51 Fällen, sollen nach dem Antrag der Staatsanwaltschaft mit lebenslänglichem Zuchthaus sowie Ehrverlust gleichfalls auf Lebenszeit bestraft werden, der im übrigen auch zu den Todesstrafen gefordert wurde.

15 Jahre Zuchthaus beantragte die Staatsanwaltschaft für Wilhelm Hintz bei nachweislich 29 Fällen, während für Wilhelm Weber für 20 Fälle 13 Jahre Zuchthaus gefordert wurden. Je 10 Jahre Zuchthaus sieht der Antrag für die Angeklagten Friedrich Grafe und Hans Kleinbeck vor. Bei Karl Danowski, der sich freiwillig gestellt hatte, lautete er auf 6 Jahre Zuchthaus, für den ältesten der Angeklagten, den heute 72jährigen Emil Engemann, auf 3 Jahre Zuchthaus. Gefängnisstrafen von 5 Jahren für Harry Hülshoff, je 4 Jahre für Kurt Kleinbeck und Wilhelm Ockel, 2 Jahre, 3 Monate für Ernst Tracht, 1 Jahr 9 Monate für Wilhelm Römer, 1 Jahr und 6 Monate für Karl Liebergall und 1 Monat für Karl Eckermann. Bei den Ange-

klagten Kappel, Behrendt, Hedtmann, Hoviele, Wormstall plädierte die Anklage auf Freispruch, betonte aber, daß der fehlende Nachweis strafbarer Handlungen die Verantwortung an den Verhältnissen im Lager nicht ausschließe. Auch diese Angeklagten hätten keinerlei Grund, erhobenen Hauptes aus dem Saal zu gehen. Bei Vermessungen der Höhe ihrer Anträge hatte die Staatsanwaltschaft auch das Alter der Angeklagten z. Zt. der Tat in Betracht gezogen.

Am Freitag begannen die Plädoyers der Verteidiger. Zu Beginn der Verhandlung legte der Angeklagte Hintz ein Geständnis ab, indem er die ihm zur Last gelegten Fälle zugab. Rechtsanwalt Dr. Kalfbach verteidigte den Hauptangeklagten Schmidt, Rechtsanwalt Metzroth II den ehemaligen Kommandanten Hilgers.

Blick auf die Anklagebänke im Kemna-Prozeß. Der frühere Lagerführer Alfred Hilgers wurde als einziger Angeklagter wegen Verbrechen gegen die Menschlichkeit zum Tode verurteilt, das Urteil jedoch nicht vollstreckt.

TODESURTEIL IM KEMNA-PROZESS

Landesgerichtspräsident Dr. Heineberg: „Kemna war eine
Hölle!" „Der einzige Lichtblick in der ganzen Kemna war die
Haltung der Häftlinge untereinander", heißt es in der Urteils-
begründung.

Im Prozeß gegen die SA-Wachmannschaften im KZ-Lager
Wuppertal, Kemna, wurde heute vor der 5. Strafkammer des
Landgerichtes das Urteil gesprochen.

Der ehemalige Lagerleiter Alfred Hilgers wurde wegen Verbrechen gegen die Menschlichkeit zum Tode verurteilt.

Die Angeklagten Paul Schmidt, Wilhelm Bläsing, Heinrich
Weischet und Ernst Maikranz, gegen die der Staatsanwalt ebenfalls die Todesstrafe beantragt hatte, wurden zu lebenslänglichem Zuchthaus verurteilt.

Die Angeklagten Willi Hoffinger, Wilhelm Weber erhielten je
15 Jahre Zuchthaus.

Der frühere stellvertretende Lagerkommandant Altwicker, gegen den lebenslängliches Zuchthaus beantragt worden war,
erhielt 10 Jahre Zuchthaus.

Wilhelm Hintz bekam 8 Jahre Zuchthaus, Hans Kleinbeck
bekam 6 Jahre Zuchthaus.

Friedrich Gräfe und Karl Danovski erhielten 4 Jahre Zuchthaus. An Gefängnisstrafen wurden verhängt:
Emil Engermann 2 Jahre 6 Monate, Harry Hülshoff 2 Jahre,
Kurt Kleinbeck 1 Jahr 10 Monate, Willi Ockel 1 Jahr 9 Monate, Ernst Tracht und Willi Römer je 1 Jahr.

Die Angeklagten Liebergall, Eckermann, Kappel, Behrendt, Göbel, Hettmann, Hoviede und Wormstall werden freigesprochen.

In der vom Landgerichtsvorsitzenden Dr. Heineberg verlesenen Urteilsbegründung heißt es: „Die Beweisaufnahme hat gezeigt, daß in der Kemna eine Hölle war," ein Schulbeispiel von Vergehen gegen die Menschlichkeit. Der einzige Lichtblick in der ganzen Kemna war die Haltung der Häftlinge untereinander, die oft bewundernswert war."

Den Angeklagten Hilgers trifft die volle Verantwortung für die Zustände in der Kemna, denn er war der Teufel in der Hölle Kemna, der Henker und der Henkersknecht. Darum konnte das Gericht nur zur Todesstrafe kommen. Bei den Angeklagten Schmidt, Bläsing, Weischet und Maikranz ist berücksichtigt worden, daß sie als gereifte Männer in die Kemna kamen und sich trotzdem so schwer vergingen. Nur der Umstand, daß diese vier Angeklagten nicht die Hauptverantwortung trugen, hat sie vor der Todesstrafe gerettet. Bei Bläsing, der durch die Erschießung des Kindes Hermann Göbel in Remscheid noch besonders belastet ist, hat das Gericht nur deshalb von der Todesstrafe abgesehen, weil er von Beginn des Prozesses an im Gegensatz zu den anderen Angeklagten viele Straftaten offen zugegeben hat. Bei allen übrigen Angeklagten hat sich das Gericht bemüht, ein individuelles Strafmaß zu finden, daß den einzelnen Angeklagten gerecht wird.

„VOM KEMNA-GEIST BESEELT!"

Den freigesprochenen Angeklagten konnte nicht nachgewiesen werden, daß sie sich persönlich an einer Mißhandlung beteiligt haben. Eine Bestrafung wegen der Zugehörigkeit zur Wachmannschaft hat das Gericht abgelehnt, weil die strafbaren Voraussetzungen fehlen.

Das Gericht hat nur den Wachmann bestraft, der irgendwie vom Kemnageist beseelt war. Wie das Gericht ausdrücklich feststellte, haben auch diese Angeklagten außer Göbel ein gerütteltes Maß von Schuld auf sich geladen, und es nur der Milde des Gerichtes zu verdanken, daß sie freigesprochen wurden. Der Kemna-Prozeß, der am 29. Februar dieses Jahres begann und 2 1/2 Monate dauerte, war der erste Prozeß gegen eine KZ-Bewachungsmannschaft, der vor einem deutschen Gericht verhandelt wurde.

Mein Eindruck von dem Prozess

Freunde und Kameraden aus Wuppertal und Solingen hatten mich darauf aufmerksam gemacht, daß der Prozeß gegen die Wachmannschaften von Kemna zu erwarten sei und ich bin selbst nach Wuppertal gefahren und habe mich an Ort und Stelle erkundigt. Ich erfuhr von dem Kampf, den die VVN um die Wiederaufnahme des schon 1934 eingeleiteten und damals von der obersten Parteileitung unterdrückten Prozesses, geführt hatte. Es waren viele Schwierigkeiten von deutscher sowie von seiten der Militärregierung zu überwinden. Nach Überwindung aller Schwierigkeiten konnte jedoch am 29. Februar 1948 der Prozeß gegen die ehemaligen Wachmannschaften des KZ Kemna beginnen. Am 28.2.1948 erhielt ich die erste Nachricht aus Solingen, die lautete:

Aus Anlaß des 40. Jahrestages der Errichtung des KZ Kemna wurde im
Jahre 1973 am Zentralen Mahnmal der Stadt Wuppertal für die Opfer
des Nationalsozialismus ein Stein mit dieser Inschrift eingefügt: „KZ
Kemna – 5. Juli 1933 - 19.Jan. 1934".

An das KZ Kemna erinnert auch ein Steinsarkophag auf dem Friedhof
Oostakker bei Gent in Belgien, in dem eine Urne mit Erde aus dem
Wuppertaler Konzentrationslager eingemauert wurde.

Vereinigung der Verfolgten des Nazi-Regimes Solingen (VVN)
Union of former Pilitical Concentration-Camp
Prisoners and political Prisoners
Solingen, den 26.2.1948
Herrn Polizei-Kommissar Willi Weiler
Ordnungspolizei Oberlahnstein (franz. Zone)

Betrifft: Kemna-Prozeß (Konzentrationslager „Kemna")

Wie aus den aufgefundenen Akten ersichtlich, waren Sie im
Jahre 1933 im KZ Kemna als politischer Häftling. Nachdem
wir nun endlich Ihre Anschrift erfahren haben, bitten wir Sie
dringend, zu dem am 1. März 1948 beginnenden
Kemnaprozeß beim Landgericht Wuppertal zu erscheinen,
zwecks wichtiger Zeugenaussagen. Ihr und aller Zeugen Erscheinen ist deshalb wichtig, weil 30 ehemalige Wachleute aus
der Kemna vor Gericht stehen werden und eine Gegenüber-
stellung unbedingt notwendig sein wird.
(Stempel) I.A.: gez. Jung

Am 29.2.1948 erhielt ich von der Staatsanwaltschaft in Wuppertal folgende Nachricht:
Der Oberstaatsanwalt
5/Kls 16/48
Wuppertal, den 27.2.1948

Herrn
Polizei-Kommissar Willi Weiler
Oberlahnstein

Sie werden gebeten, am 2. März 1948 zu einer Vernehmung
hier zu erscheinen. Es handelt sich um die Angelegenheit des
früheren Konzentrationslagers Wuppertal-Kemna, in dem Sie
als Häftling eingesessen haben sollen.
(Ls) I.A.: gez. Unterschrift

Zum festgesetzten Termin begab ich mich nach Wuppertal zum Landgericht. Dort traf ich viele Kameraden, die ich schon lange Jahre nicht mehr gesehen hatte. Einer davon hatte fast sein ganzes Gehör verloren, andere hatten noch Nachwehen von den Mißhandlungen aufzuweisen. Schließlich wurde auch ich als Zeuge aufgerufen, und es war ein eigenartiges Gefühl, daß ich jetzt unseren einstigen Peinigern gegenübertreten sollte. Ich betrat den Verhandlungssaal und begab mich zum Richtertisch. Als die üblichen Formalitäten, Angaben der Personalien usw. erledigt waren, sagte Herr Landgerichtsdirektor Dr. Heineberg zu mir: „Herr Weiler, sehen Sie sich mal um, und erzählen Sie mal der Reihe nach. Suchen Sie sich mal die Leute aus, die sie erkennen, und sagen Sie aus, was Sie wissen. Ich drehte mich um und sah den Angeklagten ins Gesicht. Aber wie sahen diese sogenannten Herrenmenschen aus? Die Schächer am Kreuz konnten bestimmt keine größeren Leidensmienen zeigen als diese. Wor war ihr sonst so zur Schau getragenes Selbstbewußtsein und ihre Ueberheblichkeit.

Nichts von allem war zu sehen. Ich suchte mir meine Vögel aus und befahl ihnen aufzustehen. Zuerst wollten sie nicht, bis der Vorsitzende sagte: „Ein bißchen schneller, meine Herren! Eure Gefangenen von damals mußten bestimmt schneller aufstehen." Ich erzählte von jedem einzelnen, was ich wußte. Alle meine Aussagen deckten sich nach Erklärungen der Richter mit den Aussagen der anderen Zeugen. Sie versuchten zuerst zu leugnen. Als ich aber Beweise auf Beweise brachte, gaben sie, wenn auch nicht alles, zu. Es war das erstemal, daß Duisburger Zeugen vernommen wurden. Bis dahin hatten die Angeklagten hartnäckig das meiste abgeleugnet. Bis zu dem Tage waren hauptsächlich nur Wuppertaler und Solinger Zeugen vernommen worden, und nun kamen wir an die Reihe. Ich machte zuerst die Richter darauf aufmerksam, daß ich nur das aussagte, was ich noch hundertprozentig weiß, und auch die Namen kenne. Ich sagte auch, ziehen Sie ihnen die Uniformen wieder an, dann ist es leichter für mich. (Dies rief allgemeines Gelächter hervor.) Als die einzelnen sich nun bequemten aufzustehen, war ich erstaunt. Der eine ging am Stock, der andere hielt sich fest, wieder andere machten Leidensgesichter oder trugen ganz gleichgültige Mienen zur Schau. Man versuchte eben, egal welchen, Eindruck zu schinden. Wollten sie, die sich in der unmenschlichsten Weise an uns vergangen hatten, nun Mitleid bei uns erwecken? Ja, das war es. Sie, die sich Herrenmenschen genannt hatten, saßen nun als ein Häufchen Elender auf der Anklagebank. Innerlich konnte ich nur den Kopf schütteln. So feige, wie sie sich damals an wehrlosen Menschen vergriffen hatten, so feige waren sie auch heute, angesichts ihrer Bestrafung. Leider zeigten sie in ihrem Auftreten den Herren vom Gericht gegenüber manchmal ein arrogantes Wesen. Sie, die jede Demokratie als ihren ersten Feind bekämpft haben, genießen jetzt die Vorzüge einer demokratischen Rechtsprechung. Uns hat man das Recht der Verteidigung damals abgesprochen, und wir wurden von diesen Bestien solange gefoltert, bis manch einer etwas eingestand, was er nie getan hatte. Wo bleibt heute ihr Bekennermut für Adolf Hitler, den sie uns Gefangenen gegenüber so groß an den Tag legten? Warum haben sie ihn nicht mit der Waffe in der Hand verteidigt und ihr Leben dafür gelassen. Daß sie heute noch leben, ist ihre Schande, wie der Herr, so der Knecht. So wie sich Hitler feige der Verantwortung entzogen hat, so feige sind heute seine Söldner. Den Mut, den letzten Schlußstrich zu ziehen, haben sie nicht. Ein Gefühl des Ekels befiel mich bei der Vernehmung. Als ich mit meinen Aussagen zu Ende war, setzte ich mich in die Zeugenbank. Dann kamen andere Kameraden als Zeugen. Im Zuhörerraum haben Frauen laut zu weinen angefangen, und Männer habe ich mit den Zähnen knirschen hören. Ein Geflüster hinter meinem Rücken ließ erkennen, daß die Wuppertaler Zuhörer gerne selbst Richter gespielt hätten.

Was hat uns im Lager hochgehalten? Nur der Gedanke, einst werden wir die Richter sein. Alle waren sich einig darüber, egal welcher Partei oder Konfession sie angehörten. Wir waren alle desselben Gedankens, wenn wir Gelegenheit hätten, gemeinsam diese Pest auszurotten. Damals waren wir uns alle einig, Arbeiter, Intellektuelle, Geistliche, Lehrer, alle waren wir eine Gemeinschaft von verschworenen Kameraden. Als wir jedoch Gelegenheit hatten nach dem Zusammenbruch, was taten wir? Nichts! Wir sind ja Demokraten und überlassen die Bestrafung den ordentlichen Gerichten. Ich habe mich an keinem gerächt, der mir den Aufenthalt in Kemna besorgt hat. Aber ich finde es unverschämt, als sie 1945 und später ihre Frauen zu mir geschickt haben, ich sollte ihnen ein gutes Zeugnis schreiben. Es ist kaum zu glauben, aber es ist wahr, viele kamen nicht einmal, sondern öfter zu mir mit dem Anliegen. Es ist unverschämt, aber so waren sie immer. Ich habe und werde keine persönliche Rache nehmen. Das sollen die Gerichte tun. Es ist viel in den letzten Jahren über den einzelnen Pg. gesprochen worden, und es ist auch manches geschehen. Am meisten haben wohl die geschrien, die wenig Grund hatten. Immer wieder kann man sehen, daß Leute, die in den 12 Jahren jeden Umzug mitgemacht, jede Versammlung besucht und die größte Fahne bei jeder Gelegenheit herausgehängt haben, am meisten schreien: „Haltet den Dieb!" Kleine Angestellte, kleine Beamte, die auf Druck ihrer vorgesetzten Dienststellen in die Partei gezwungen wurden, und doch anständige Kerle blieben, sollte man in Ruhe lassen. Die, welche sich an ihren Mitmenschen vergangen haben, stellt man vor ein Gericht, und sofern der Richter nicht selbst ein alter Nazi war, wird wohl auch ein gerechtes Urteil gefällt werden.

Ein Teil der Pgs. in Verwaltung, Polizei und sonstigen Behörden, oder als Vorgesetzte in Betrieben, haben ihre Mitgliedschaft zur Partei dazu benutzt, um andere, die Nicht-Pg. waren, auf jede erdenkliche Art zu schikanieren, und haben ihnen oft auch großen Schaden zugefügt. Diese Leute, sie sind nur noch zu gut bekannt, und die übrige Bevölkerung hat es noch nicht vergessen, haben 1945 vor jedem Antifaschisten gezittert. Sie waren kriechend freundlich, und kein Mensch wurde von ihnen angeschnauzt. Viele wurden bis zu ihrer Entnazifizierung entlassen. Nun wurden Führungszeugnisse gesammelt, was sie für feine Kerle waren. Leute, die sich früher an die Kirchentüre stellten und die aufschrieben, die den Gottesdienst besuchten, Leute, die HJ-, BDM- und SA-Dienst mit Vorliebe während des sonntäglichen Gottesdienstes ansetzten, gingen jetzt scharenweise zu den Geistlichen, um sich von diesen ein gutes Leumundszeugnis ausstellen zu lassen. Sogar Ordensschwestern wurden darum angehalten. Ja, man ging sogar zu Antifaschisten, die man vorher schikaniert hatte und fragte sie um ein gutes Zeugnis. Wenn es den Herren an persönlichem Mut mangelte, schickte man die Frauen oder Töchter. Man war ja nur gezwungener Pg. und hatte niemand ein Leid zugefügt. Meisterhaft verstanden sie 1945, kurz vor dem Einmarsch der Alliierten, ihre sie belastenden Unterlagen zu vernichten. Man sollte nicht finden, daß sie zum Teil für den Sicherheitsdienst gearbeitet und dadurch viele Menschen ja ganze Familien unglücklich gemacht hatten. Das schlechte Gewissen war ihnen auch deutlich genug auf die Stirne geschrieben. Gott sei Dank sind aber noch viele Unterlagen gefunden worden, und dadurch wurden auch viele zur Rechenschaft gezogen.

Die Spruchkammern haben die Pgs. dann entbräunt. Nun versuchen sie krampfhaft, wieder in ihre alten Stellungen zu gelangen. Zum Teil ist es ihnen auch schon gelungen. Das Niederträchtigste an der ganzen Sache aber ist, daß sie kein Mittel scheuen, die Antifaschisten, die 1945, als alles am Boden lan, diese Stellungen einnahmen, wieder herauszudrücken. Bei ihrem Vorgehen ist ihnen wieder jedes Mittel recht. Denunzierung, Verleumdung, Lüge und jede andere Gaunerei sind ihnen billig, um zum Ziel zu gelangen. Ich könnte Beispiele angeben, wie diese Leute wieder zu mehreren zusammen in die Verwaltungen sitzen und gemeinsam daran arbeiten, daß sie eines Tages wieder ganz allein oben schwimmen. Wenn es nicht schon zu spät ist, so ist es aber höchste Zeit, daß diesem Treiben Einhalt geboten wird, sonst haben wir bald wieder dieselben Zustände wie nach 1918. Diese Leute, die 12 Jahre wie ein Schwamm das nazistische Gift in sich aufgesogen haben, zu Demokraten zu erziehen, ist sehr schwer. 12 Jahre lang haben sie treu ihrem Führer gedient und blindlings jeden seiner Befehle ausgeführt. In dieser Zeit, wo sie ein gutes Leben führten und von allem unbehelligt blieben, haben die Antifaschisten ihre Zeit in den Gefängnissen, Zuchthäusern und KZ-Lägern zugebracht. Viele Widerstandskämpfer haben ihr Leben für die Freiheit und Demokratie hergeben müssen. Wenn man die Leute heute hört, hat keiner etwas gewußt. Alle sind sie unschuldig und am liebsten würden sie sich selbst als Opfer des Faschismus bezeichnen. Alle haben sie schweres zu erdulden und, nur die bösen Ortsgruppenleiter und Kreisleiter waren schuld. Wir aber sagen: „Warum seid ihr überhaupt in die Partei gegangen? Hättet ihr Hitler nicht die Hand geboten, so wäre es ja gar nicht so weit gekommen. Wir taten es ja auch nicht, und haben schon jahrelang vorher dagegen gekämpft und geredet. Aber man hat die Stimme der Vernunft nicht hören wollen. Wer garantiert uns, daß diese Leute, die heute teils wieder in leitenden Stellungen sitzen, auf einmal gute Demokraten sein sollen und nicht im geheimen ihre alten Pläne weiterschmieden. Wir sind begründet mißtrauisch, genau wie damals. Die Verfolgten von gestern sind auch schon wieder die Verfolgten von heute. D.h., verfolgt von einer gewissen Sorte, denen eine Diktatur besser gefällt als eine anständige Demokratie. Wir Antifaschisten lehnen jede Diktatur ab, ob von rechts oder links, ob schwarz, weiß oder rot.“

Noch ein Wort an meine antifaschistischen Kameraden. Wir Deutschen, ich sage besonders wir deutschen Antifaschisten, sollen stolz auf unsere Tradition sein. Kein Mensch auf der Welt ist berechtigt, uns über die Achseln anzusehen und uns auf die gleiche Stufe mit den Nazis zu stellen. Ich sage das aus dem Grund, weil viele Ausländer gerne den Ausspruch gebrauchen, alle Deutschen sind gleich, alle Deutschen sind Nazis. Viele von unseren Kameraden haben schon ein Jahrzehnt vor der Machtübernahme durch den Massenmörder Hitler gegen ihn und seine wahnsinnige Politik gekämpft. Kein Mensch auf der Welt wird je behaupten können, und niemals wird die Geschichte es schreiben, daß auch nur ein deutscher Antifaschist jemals Hitler Konzession gemacht, mit ihm an einem Tisch gesessen, ihm zu irgendetwas die Hand gereicht, oder gar mit ihm Verträge abgeschlossen hat. Uns, die Hitler als seine stärksten Feinde erkannte, hat er gleich aus dem Wege geräumt. Das war auch die erste Schuldenabtragung, die Hitler dem Großkapital gegenüber gemacht hatte. Die zweite war schon im Mai 1933, als er die Gewerkschaften zerschlug, diesen stärksten Eckpfeiler des schaffenden Menschen. Man sieht, wie eilig er es hatte, seinen Geldgebern und Helfershelfern dieses Angebinde zu überreichen. Die gleichen Verbrecher, mit den gleichen Zielen. Ein schöneres Geschenk konnte dieser Gangster aus Braunau den Herren, mit denen er zusammen in „Villa Hügel" seine schändlichen Pläne ausgeheckt hat, nicht machen.

Ihr ganzer Weg ist mit Feuer, Blut und Tränen gezeichnet. Sie werden in die Geschichte eingehen als die größten Verbrecher aller Zeiten. Wir konnten das Schicksal nicht aufhalten. Wir waren gebunden und gefesselt und die Besten von uns hat man meuchlings gemordet.

Der Name „Kemna" steht auch auf der Gedenktafel am Sockel des Mahnmals an der Frankfurter Paulskirche, auf dem neben der Bezeichnung des Wuppertaler KZ die Namen weiterer 52 Konzentrations- und Vernichtungslager aufgeführt sind.

„Ehre ihrem Andenken!"

Ihnen wollen wir Ehre machen und für unsere Ziele weiterkämpfen. Wir werden nicht immer volle Unterstützung für unsere Sache finden, aber wir lassen uns auch nicht abschrekken, weil wir für eine gerechte Sache kämpfen. Sorgt besonders für die Aufklärung innerhalb der Jugend. Wie viele Beispiele gibt es, wo die Jugend förmlich nach Aufklärung verlangt. Wir müssen alle Kraft aufwenden, um dieses kostbare Gut, das uns verblieben ist, an uns zu fesseln und aufklärend unter ihr zu wirken. Wir müssen der Jugend immer wieder vor Augen halten, daß wir nicht die Schuldigen sind, die ihnen ihre Jugend geraubt haben, sondern die aufgeblasenen Uniformen und lamettastrotzenden Verbrecher, diese sogenannten Herrenmenschen, die uns, die vernünftig Mahnenden, die Untermenschen nannten. Den einfachsten Vernunftsgründen waren sie nicht zugänglich, und heute ist schon wieder ein Teil von ihnen auf uns losgelassen. Es sind auch diese nicht berechtigt, heute das große Wort zu reden, die Hitler den Steigbügel gehalten haben. Ich erinnere nochmals an den mahnenden Ruf „Wer Hitler wählt, der wählt den Krieg!", und „Kommt Hitler an die Macht, so wird Europa in einem Meer von Blut und Tränen untergehen." So und ähnlich haben wir mahnend prophezeit. Alle haben es gehört, es gibt keine Entschuldigung. Wir wenigen müssen eisern und mit heißer Leidenschaft unseren Kampf weiterführen. Niemals mehr darf noch einmal ein solches Verbrechen an der Zivilisation und Kultur begangen werden. Dies, Kameraden, vergeßt nicht. Denkt immer an die Leiden, die unsere Schwestern und Brüder erduldet haben, dann werden wir nie schwach werden.

Dies, liebe Kameradinnen und Kameraden, möchte ich Euch zum Schluß mit auf den Weg geben.
Oberlahnstein, den 28. März 1949.
Willi Weiler.

Willi Weiler
geboren am 22. Mai 1905 in Kamp/Rhein
gestorben am 16. Dezember 1970 in Koblenz
(Ein Foto aus den letzten Tagen seines Lebens)

INHALTSVERZEICHNIS

NACHWORT

Das Buch von Willi Weiler wurde uns erst 1993, zehn Jahre nach Einweihung des Mahnmals KZ Kemna, durch Zufall bekannt.

Bei einer Beerdigung im Familienkreis, im Februar 1993, berichtete mir ein Verwandter, von der Existenz dieses Buches. Er habe es von seiner Mutter als Geschenk erhalten und sei von den Erlebnissen Weilers stark beeindruckt. Ich müsse seine Erlebnisse unbedingt lesen. Kurze Zeit später trafen wir uns. Ich nahm das Buch für den Jugendring in Empfang und habe es mit Spannung sofort gelesen, anschließend abgelichtet und zurückgegeben. Eine Kopie habe ich dann Kurt Schnöring vom Presseamt unserer Stadt zur Verfügung gestellt. Als ich einige Zeit später mit Kurt Schnöring darüber sprach, waren wir uns sofort einig, daß dieses wichtige Zeitdokument eine Neuauflage erfahren muß und daß es viele junge und ältere Menschen unbedingt lesen sollten.

Willi Weiler berichtet in seinem Buch sehr genau über das, was in der Hölle von Kemna 1933 - 1934 geschehen ist. Viele Tatbestände und viele Fotos sind für uns völlig neu.

Vor dem Plenum des Jugendrings gab ich einen Bericht über das Buch. Auch hier war man beeindruckt von den vielen neuen Fakten und auch dankbar, daß damit unserem Arbeitskreis Kemna/Frieden/Synagoge dieses Zeitdokument nun zur Verfügung steht. Im Arbeitskreis haben wir dann überlegt, wie wir damit nun umgehen wollen. Wichtig sei es, als erstes in Erfahrung zu bringen, ob Willi Weiler und seine Familie noch leben.

Am 28.11.1994 haben wir vom Jugendring folgenden Brief an die Gemeinde Lahnstein geschrieben:

„Sehr geehrter Herr Bürgermeister,
sehr geehrte Damen und Herren,

1949 hat ihr Mitbürger, Willi Weiler, seine Erlebnisse 1933 im KZ-Lager Kemna in Wuppertal-Barmen in einer Broschüre festgehalten. Wir haben von diesem bewegenden Bericht erstmalig 1993 erfahren und in unserer Dokumentation Teil 2 „10 Jahre Mahnmal KZ Kemna" auf ihn hingewiesen.

Wir übersenden Ihnen als Anlage 2 Exemplare dieser Dokumentation. Ein Exemplar für Ihr Archiv und ein Exemplar für die Familie von Willi Weiler, welches Sie bitte an diese weiterleiten wollen. Über diesen Weg würden wir gern Kontakt mit der Familie Weiler aufnehmen und wären Ihnen deshalb für eine Rückäußerung sehr dankbar.

Wir bedanken uns für Ihre Bemühungen
und grüßen Sie herzlich aus Wuppertal."

Mit Schreiben vom 28. Dezember 1994 teilte uns die Stadt Lahnstein mit, daß Willi Weiler verstorben sei und seine Ehefrau in einer Lahnsteiner Altenwohnung lebe.
In einem weiteren Schreiben vom 20. Januar 1995 erfuhren wir, daß Willi Weiler am 16. Dezember verstorben ist, und seine Frau, Aenne Weiler, geb. Klotz 82 Jahre alt, nicht mehr in der Lage sei, über die Erlebnisse und das Buch ihres Mannes zu berichten. Eine Tochter, Elfriede Kutz, lebe in Lahnstein und sei zu Auskünften bereit.
Es überraschte uns sehr, daß das Buch in Lahnstein und im Archiv der Stadt nicht bekannt war und daß man erst durch unser Schreiben vom 28. November 1994 von dieser Dokumentation gehört hat!

Am 11. April 1995 haben wir uns bei der Stadt Lahnstein bedankt, einen Besuch in Wuppertal und am Mahnmal KZ

Kemna angeregt und gleichzeitig angeboten, unsere große Ausstellung über das Mahnmal KZ Kemna einmal in Lahnstein zu zeigen.

Am 4. Oktober informierte uns die Stadt Lahnstein, daß sie über unseren Schriftverkehr auch die örtliche Presse unterrichtet habe. Im „Rhein-Lahn-Kurier" vom 12. Mai 1995 erschien ein längerer Bericht unter der Überschrift: „Die Hölle im KZ Kemna durchlebt – Buch eines Lahnsteiner Bürgers erst jetzt wiederentdeckt".

Und in der „Rhein-Lahn-Zeitung" vom 6./7. Mai 1995 wurde ein Report unter der Schlagzeile „Den Schrecken stets vor Augen
Lahnsteiner Bürger, Willi Weiler, schrieb KZ Erinnerungen auf" veröffentlicht.

Die Stadt Lahnstein teilte uns ferner mit, daß eine weitere Tochter von Willi Weiler, Else Stern-Weiler in der Schweiz lebt.

Inzwischen hatten wir im Arbeitskreis beraten, daß wir uns für einen Neudruck des Buches einsetzen wollen. Wir haben dieserhalb am 30. April 1996 an die Tochter, Elfriede Kutz, geschrieben, die durch Fax ihre Schwester, Else Stern-Weiler, über unser Anliegen informierte.
Mit Schreiben vom 2. Mai 1996 erfahren wir von Else Stern-Weiler, daß ihre Mutter, Aenne Weiler, am 15. Dezember 1995 plötzlich und unerwartet verstorben ist. Am 20.5.1996 haben wir den Schwestern zum Tod der Mutter kondoliert und um die Genehmigung zum Neudruck und um die Zusendung eines Original – Exemplares des Buches gebeten. Nach einem weiteren Schreiben von uns vom 19.6.1996 erhielten wir mit Schreiben vom 20. Juni und 23. Juni 1996 die Genehmigungen zum Neudruck.

Frau Else Stern-Weiler sandte uns am 2. Juni 1996 ihre eigenen Aufzeichnungen zum Lebenslauf ihres Vaters in Stichworten und Erinnerungen aus persönlichen Erzählungen sowie eine Briefkopie ihres Vaters, den er am 24. Januar 1952 geschrieben hat.

Daraus ergeben sich folgende Lebensdaten, die aber keinen Anspruch auf Vollständigkeit erheben.

Geboren wurde Willi Weiler am 22.5.1905 in Kamp/Rhein als Sohn der Eheleute Heinrich Weiler aus Caub und Theresia Agnes Weiler geb. Zimmer aus Essen. Der Vater war Schiffer auf dem Rhein und Koch zur See.

Er hatte drei Schwestern und einen Bruder, die alle als Säuglinge starben.

Bei Ausbruch des 1. Weltkrieges, 1914, ist er 9 Jahre alt. Sein Vater ist Sozialist. Er muß Zeitungen austragen für Kunden, die meistens der SPD angehören, Frankfurter Kleine Presse, Freie Presse und die Frankfurter Illustrierte. In der Schule wird er dafür von einem kaisertreuen Lehrer mit Hieben bestraft. Auch der Pfarrer hält eine Brandrede gegen diese Zeitungen, die gegen den Krieg gerichtet sind. Durch seinen Vater und dessen Kameraden lernt er etwas anderes kennen, als das, was der Lehrer in der Schule erzählt. Während der Kriegszeit (1914-1918) werden die Kräftigsten der Schulklasse, ab 10 Jahre, von der Schule beurlaubt, um auf einem Bauernhof (Hofgut) zu arbeiten. Die Aufsicht über die Jungen hat ein alter preussischer Gendarm. Diese Arbeitseinsätze gehen zu Lasten der Schulausbildung.

1918 im Oktober stirbt seine Mutter an Hungerthyphus. Schon damals lernt er den Krieg hassen, denn er ist nach seiner Meinung Schuld an allem Elend.

Siegfried Wirtz, damals Vorsitzender des Jugendrings Wuppertal, bei der Einweihung des Kemna-Mahnmal, am 3. Juli 1983. Hinter ihm Oberbürgermeister Gottfried Gurland und Karl Ibach.

Seit 1983 lädt der Jugendring Wuppertal alljährlich am Jahrestag der Errichtung des Konzentrationslagers zu einer Gedenkfeier ein. Rechts im Bild: Oberbürgermeisterin Ursula Kraus und Oberstadtdirektor Dr. Joachim Cornelius.

1919 wird er Mitglied der Gewerkschaft. Im Ruhrgebiet lernt er den Bürgerkrieg kennen. Er beteiligt sich an einigen Streiks. Schon bald schließt er sich einer Gruppe von Antifaschisten an.

Ab 15.12.1920 – Schiffsjunge auf der „Götz von Berlichingen"

08.05.1922 – Matrose auf verschiedenen Rheinschiffen

24.10.1929 – Rheinschifferpatent des Königreichs der Niederlande, von Strasbourg bis ins Meer

12.05.1933 bis 20.11.1933 Häftling im KZ Kemna in Wuppertal
aus dem Lager entlassen, Flucht nach Holland.

04.08.1939 Rheinschifferpatent der Wasserstraßendirektion Koblenz.
Weil die Kinder klein waren und ihn brauchten, gab er die Schiffahrt auf.

Vom 27.09.1939 - 16.3.1945 Heizer bei der Deutschen Reichsbahn in Oberlahnstein.

20.04.1940 Ersatzreserve I im Wehrpass eingetragen.

Bis zum Zusammenbruch des „Deutschen Reiches" ist er Fahrbereitschaftsleiter in Le Mans/Frankreich, mit guten Kontakten zur französischen Bevölkerung. Als die Amerikaner vor Le Mans stehen, setzt er sich mit 3 Kameraden bis zur Grenze ab. Von dort beginnt ein Fußmarsch quer durch Deutschland. Er kommt auch nach Wuppertal und trifft hier seinen Freund, Franz Knipping. Er erfährt, daß er sich böswillig von der Truppe entfernt habe, und daß nach ihm gefahndet wird (Sippenfahndung). In Eisenach trennen sich die Freunde. Jeder versucht, auf eigene Faust nach Hause zu kommen. Er beschließt, wegen seiner Gefäßerkrankung nach Bad Ems zu gehen. Dort hört er von einem Geheimlazarett des Hautarztes Dr. Grochocki aus Koblenz. Hier kann er sich mit anderen politisch verfolgten Menschen gesund pflegen lassen. Als der Krieg zu Ende ist, fährt er mit der Eisenbahn nach Hause.

1945 bewirbt er sich zum Aufbau einer politisch einwandfreien Polizei.

Ab 7.8.1945 wird er Kreiskommissar der französischen Militärregierung, zuständig für 52 Gemeinden im Bereich St. Goarshausen. Das Besoldungsdienstalter wird auf den 1.11.1930 festgesetzt, als Akt der Wiedergutmachung für ihn als Opfer des Faschismus.

In dieser Zeit besucht er auch den Ort seiner Inhaftierung, das Lager Kemna in Wuppertal.

Am 26. März 1949 veröffentlicht er mit Genehmigung der Militärregierung sein Buch über seine Erlebnisse im KZ Lager Kemna in Wuppertal-Barmen.

Er stellt sein Buch auch dem damaligen Bürgermeister seiner Stadt zur Verfügung. Später erfährt er, daß dieser das Buch von der Staatsanwaltschaft Koblenz überprüfen ließ.

Ende 1949 besucht er mit sieben Kameraden, die ebenfalls seit 1945 im Polizeidienst sind, die Polizeischule in Bad Ems.

Am 15.1.1950 war der Lehrgang beendet. Kurz darauf erhält er vom Bürgermeister die Kündigung!

Gegen diese Entscheidung, die er als politisch motiviert ansieht, führt er über 2 Jahre einen Kampf vor Gerichten auf

Weiterbeschäftigung, Nachzahlung und auf Wiederholung des Polizeilehrganges.

Beim Verwaltungsgericht verliert er, er ist verbittert, er will weiter klagen beim Arbeitsgericht.

(Anmerkung der Redaktion: Wie die Sache ausgeht, ist aus den Unterlagen nicht zu entnehmen, nur aus seinem weiteren Lebensweg zu erahnen, denn er arbeitet danach in einem Werk als Pförtner.)

Willi Weiler hat sich in seiner Freizeit im sozialen Bereich engagiert und war viele Jahre Leiter eines Stadtrand-Kinderferienlagers auf dem Aspich. Noch heute ruft eine von ihm beschaffte Glocke die Kinder zum Mittagessen.

Am 16.12.1975 stirbt Willi Weiler im Alter von 70 Jahren in Koblenz.
Soweit der Lebenslauf dieses aufrechten Mannes.

Aus den Lebensdaten dieses Mannes läßt sich entnehmen, daß ihm sein Widerstand gegen die Naziherrschaft auch nach dem Krieg noch schwerwiegende berufliche Nachteile eingebracht haben.

In dem Brief, den er am 24. Januar 1952 an unbekannt schrieb, dokumentiert er seinen beruflichen Leidensweg, seinen Eindruck, daß die Entlassung aus dem Polizeidienst nicht mit rechten Dingen zuging und seine Machtlosigkeit gegenüber den „Drahtziehern".
Man spürt seine emotionale Betroffenheit und auch seine Verbitterung.

Seine Benachteiligung im beruflichen Leben nach 1945 ist tragisch, leider auch kein Einzelfall.

Aus Erzählungen meines Vaters weiß ich, daß viele Gegner des Hitler-Faschismus beim Neuaufbau unseres Landes in Betrieben und Verwaltungen von den wieder eingestellten Nazis ganz bewußt beruflich benachteiligt wurden. So wurden die Antifaschisten mehrfach bestraft!

Auch dies ist ein Teil deutscher Nachkriegsgeschichte, der aber hier zu weit führen würde und gründlicher recherchiert werden müßte.

Wir im Jugendring Wuppertal sind sehr dankbar, daß wir den Erinnerungen von Willi Weiler zum Neudruck verhelfen konnten, nicht nur um die Geschichte des KZ Lagers Kemna weiter aufzuarbeiten, sondern auch um dem Autor zu gedenken und ihm vielleicht ein Stück Wiedergutmachung widerfahren zu lassen.

Seinen Töchtern, Else Stern-Weiler und Elfriede Kutz, danken wir für die Genehmigung und Unterstützung. Für die Realisierung des Buches danken wir Sigrid Born-Herrnstadt vom Born-Verlag und Kurt Schnöring vom Presseamt der Stadt Wuppertal.

Siegfried Wirtz
Jugendring Wuppertal e.V.
Arbeitskreis Kemna/Frieden/Synagoge

Bernd Eichmann: Wuppertal: Folter hinter Backsteinmauern. In: Ders.: Versteinert-Verharmlost-Vergessen. KZ-Gedenkstätten in der Bundesrepublik Deutschland, Frankfurt am Main 1985

Hans Helmich: Das KZ Kemna und die christlichen Gemeinden Wuppertals. In: Monatshefte für Evangelische Kirchengeschichte des Rheinlandes, 29, Düsseldorf 1980

Karl Ibach: Kemna. Wuppertaler Konzentrationslager 1933-1934. Mit einem Vorwort von Johannes Rau. Nachdruck der Ausgabe von 1948, Wuppertal 1981

Andrzej Józef Kaminski: Die Kemna-Zeit oder Finsternis über dem Tal. In. Ders.: Vom Polizei- zum Bürgerstaat. Zur Geschichte der Demokratie am Beispiel einer deutschen Stadt, Wuppertal 1976

KZ Kemna 1933-1934. Eine Quellendokumentation. Informationen aus dem Stadtarchiv, hrsg. vom Stadtarchiv Wuppertal, Wuppertal 1984

KZ Kemna – 10 Jahre Mahnmal 1983-1993. Dokumentation Teil 2. hrsg. Jugendring Wuppertal. Redaktion Siegfried Wirtz, Wuppertal 1993

Mahnmal KZ Kemna. Dokumentation, hrsg. Stadt Wuppertal. Der Oberstadtdirektor. Redaktion Kurt Schnöring, Wuppertal o.J. (1983)

Kurt Schnöring: Ein politisch Verfolgter warnt. Wehret den Anfängen (Karl Ibach) In: 1929-1979. Sozialdemokraten in Wuppertal, Hrsg. Sozialdemokratische Partei Deuschlands,

Unterbezirk Wuppertal. Der Unterbezirksvorstand, Wuppertal 1979

Kurt Schnöring: Oskar Hoffmann (1877-1953). In: Wuppertaler Biographien 14, Wuppertal 1984

Kurt Schnöring: Karl Ibach – ein Symbol des Widerstandes. Erfüllte Ideale in einem erfüllten Leben: In: Schultradition in Barmen. Von der Barmer Amtsschule zum Gymnasium Sedanstraße 1579-1994. Hrsg. Hans Joachim de Bruyn-Ouboter, Hans Hähner, Wolfgang Vogelsang, Wuppertal 1994

Otto Stahl: Meine Erlebnisse in den Konzentrationslagern Kemna und Börgermoor, Herdecke/Ruhr 1945

Peter Steinbach: Karl Ibach. Zur Biographie eines Widerstandskämpfers, Passau 1990

Olaf Wunder: Das KZ Kemna. In: Nazis und Nachbarn. Schüler erforschen den Alltag im Nationalsozialismus, hrsg. von Dieter Galinski, Ulrich Herbert und Ulla Lachhauer, Reinbek 1982

Olaf Wunder: KZ Kemna. Konzentrationslager im Bergischen Land. In Bergische Blätter, Nr. 3 – Nr. 5/1981, Wuppertal 1981

Olaf Wunder: Das Leben ehemaliger Kemna-Häftlinge. 1. Teil: Erich Thiele. In: Bergische Blätter, Nr. 6/1981. 2. Teil: Emil Hirsch. In: Bergische Blätter, Nr. 8/1981, Wuppertal 1981

Olaf Wunder: Die „wilde" Kemna. In: Mitteilungen des Stadtarchivs, des Historischen Zentrums und des Bergischen Geschichtsvereins, Abteilung Wuppertal, Wuppertal 1983

Das Ende der „Kemna"

mr. Das Ende des Konzentrationslagers Kemna ist gekommen. Die Konzentrierung wird konzentriert in ganz Preußen, und zwar, wie gemeldet wird, in die Gegend von Papenburg, Provinz Hannover, an deren westlicher Grenze gegen Holland zu. Oberpräsident Viktor Lutze, der z. Z. auf einer Besichtigungsreise durch die schon bestehenden Lager ist und die Entscheidungen treffen wird über die endgültige Einrichtung, die Art der Unterbringung und die Verpflegung der Insassen, übernimmt, wie gemeldet wird, die Oberaufsicht. Bereits früher sind ja von Dauerschutzhäftlingen größere Trupps von der Kemna nach Börgermoor gegangen. Nun wird, wie uns auf Anfrage mitgeteilt wird, in der allernächsten Zeit auch der Rest nachfolgen.

Damit ist eine Einrichtung, die im Bergischen und darüber hinaus schon zu einem festen Begriff geworden war, dahin. Seit Juli vorigen Jahres, also mehr als ein halbes Jahr, sind hier Schutzhäftlinge aus dem Umkreis, schließlich auch von weit her aus dem Rheinland zusammengefaßt worden.

Der alte Fabrikbau an der Straße nach Beyenburg ist in dieser Zeit in allen seinen Teilen umgestaltet und für seine neuen Zwecke hergerichtet worden. Die Unterbringung der Häftlinge geschah in großen Gemeinschaftssälen. Ein kleiner Teil der Insassen war tagsüber in Arbeit draußen bei Wegebau und dergleichen. Die andern blieben innerhalb des Lagers und wurden hier zum Teil auch wieder mit Arbeiten beschäftigt, die der Alltag in einem so große Betrieb und bei so viel Menschen verlangt. Auch die fortwährende Verbesserung der Inneneinrichtungen — z. B. Anlage einer Zentralheizung aus altem gesammeltem Material mit Anschluß an den Fabrikdampfkessel, Anlage einer Beleuchtungs- und Signalanlage, Neubau eines mehrgeschössigen Wachbaus mit Unterkunftsräumen der Wache und Zellen für renitente oder noch in Untersuchung stehende Häftlinge, schließlich auch neben vielem andern die Deicharbeit an der vorbeifließenden Wupper — brachten Aufgaben, die mit eigenen Kräften gelöst werden mußten. Die große Entlassungsaktion, die der preußische Ministerpräsident aus Anlaß der Weihnachtstage durchführen ließ und die begleitet wurde durch den Meinungsausdruck Görings, daß die Entlassenen unter keinen Umständen und von keinem als Ausgestoßene, zu betrachten seien, sondern als Volksgenossen, die sich bemühen werden, den Weg zur Volksgemeinschaft zurückzufinden, hat mit dem weiteren Fortschreiten der Ausmerzung der Volksschädlinge wohl zu einer Minderbelegung der mehr regionalen Lager geführt und schließlich zu der sicherlich auch mehr zweclichen Zusammenfassung der Konzentrationslager im ganzen Preußenlande in einer einzigen Gegend. Daß man dafür die um Papenburg wählte, ist verständlich, wenn man weiß, daß dort die großen und weit ausgedehnten Moore der Melioration harren. Der Holländer hat ja jenseits der Grenze durch die Entwässerungsarbeit und Urbarmachung dieser Moore weite fruchtbare Landstriche schaffen können, die vielen Menschen Heimat wurden und ihnen Brot und Arbeit brachten. Auf der deutschen Seite harrte diese Aufgabe noch der Lösung in Gebieten, die weit ausgedehnter sind als auf der Gegenseite. Hier werden also hohe volkswirtschaftliche und staatspolitische Aufgaben im Sinne der Allgemeinheit geleistet werden können. Und man wird gerade bei solcher Zielsetzung die Einspannung der Schutzhäftlinge, die ja noch außerhalb der Volksgemeinschaft stehen und staatsfeindlich an ihr sind, begründen müssen.

Die Entwicklung ist so also über die zunächst vertretenen Auffassungen, nach denen man in dem Lager Kemna eine Dauereinrichtung sehen zu dürfen glaubte, hinweggegangen. Aber noch lange wird der Begriff „Kemna" sich im Sprachschatz und in der Erinnerung unserer Tage erhalten.

„... noch lange wird der Begriff ‚Kemna' sich im Sprachschatz und in der Erinnerung unserer Tage erhalten" — so lautete der letzte Satz in einem Bericht der „Bergisch-Märkischen Zeitung" vom 11. Januar 1934 über die Schließung des Konzentrationslagers. Das bis 1938 in Wuppertal erschienene Blatt, wie alle anderen Zeitungen von den Nazis politisch „gleichgeschaltet", berichtete gleichzeitig über die Verlegung der „Schutzhäftlinge" bzw. „Volksschädlinge" in die neuen Moorlager bei Papenburg im Emsland.